不機嫌な職場
なぜ社員同士で協力できないのか

高橋克徳+河合太介+永田稔+渡部幹

講談社現代新書

1926

はじめに

「会社がもっと楽しければ、どんなに活気に溢《あふ》れた毎日を過ごすことができるだろう」

こう感じている人は多いと思います。

しかし、実際にはたくさんの人が「会社」という存在に苦労をしています。

端的に言うと、「ギスギスした職場」が増えているようです。

ギスギスした職場とは、「一人ひとりが利己的で、断絶的で、冷めた関係性が蔓延《まんえん》しており、それがストレスになる職場」です。

協力性・親和性が高い、血の通った感じがする組織とは逆の職場です。

こうした職場では、社員は孤独感というストレスをもちやすくなります。

■「皆のために」と一所懸命頑張ったのに、反応が薄い

■熱意を込めて書いた提案メールに、レスポンスがない。あるいは冷ややかな反応ばかり返ってくる

■何回頼んでも、誰もきちんと対応をしてくれない

■そのくせ、一方的な指示を出してきて、こちらが対応をしていないと、キレる
■ランチタイムは社員同士ばかりがつるんで、派遣社員やパート社員は蚊帳の外だ
■イライラした空気が職場に蔓延し、会話がない
■困っていても、「手伝おうか」の一言がない
■「おはよう」等の挨拶もなく、皆淡々と仕事をはじめる

いかがでしょうか。ギスギスした組織にありがちな職場の風景を、いくつかあげてみましたが、あなたの職場はどれくらいあてはまるでしょうか。

こうした職場で毎日を過ごしていると、確かにそこはかとない孤独感を感じてしまうことでしょう。

また、自己欲求的で、攻撃的で、他尊心に欠けているという特徴がみられるため、繊細な人は、それだけで神経が参ってしまうことになります。

会社を悪くしたい。自分の勤めている職場を駄目にしたい。そんなふうに考えている人は一人もいないはずです。

なのに、なぜか、職場の感情がいま、壊れやすくなっているのです。

私たちは、この状態は決して正常な状態ではないと考えます。

多くの人が人生の大半を過ごす職場での時間が、ギスギスしてストレスを感じてしまう

ものでしたら、それは人生全体にとっても大変不幸なことです。

そして、この問題の最大の不幸は、子供たちの未来に与える影響です。

大人が楽しく働いていない姿を見て育った子供が、どうして職をもつことに夢を持てるでしょうか。

職場でのストレスをためこんだ親は、そのストレスをどこで吐き出しているのでしょうか。子供が犠牲になってはいないでしょうか。


いつごろから、どうして日本の職場はこうなってしまったのか。

私たちは、この原因を追究しつつ、「社員が楽しく働ける職場」づくりに奮闘している企業への訪問を行う等の活動をしてきました。

この本は、それをまとめたものです。

第一章では、読者の皆様と現状の共有化をはかりたいと思います。

第二章では、その原因を分析し、明らかにしていきます。

第三章では、社会心理学の観点から、こうした現状を考察します。

第四章では、「社員が楽しく働ける職場」づくりに取り組んでいる企業の事例をご紹介します。

第五章では、第四章の事例も踏まえながら、問題解決の方法論について言及したいと思います。

最終章は、明日からでも皆様に実践して頂きたい「第一歩」について記しています。

本書をきっかけに、一人でも多くの人が職場のギスギス問題に関心を持ってくださり、それによって働く人たちの本音——「幸せに働きたい」という状況が少しでも前に進んでいくことができたら望外の幸せです。

目次

第一章　いま、職場で何が起きているのか

職場がおかしい

職場がおかしい。何か冷めた感じのする職場、ギスギスした職場が増えている。会話が少なく、互いに関心を持たずに、黙々と仕事をこなしていく。深夜残業が続く人や切羽詰まった人がいても、気がつかないのか、気づかないふりをしているのか、お互いに声を掛けようとしない。

そんな状況の中で、まじめな人、自分でどうにかしなければと責任感の強い人からつぶれていく。精神的あるいは体力的に追い込まれ、休職や退職する人まで出てきてしまっている。何かおかしい。

なぜ、職場全体の活力が失われ、社員が疲弊していくのか。職場で何が起きているのか。働く人々は、皆自分のことしか考えなくなったのだろうか。皆自分だけが成果をあげ、自分の給料さえ上がれば、それでよいと思うようになってしまったのだろうか。他の人に関心を持たなくなってしまったのだろうか。

実際にそういった職場の人たちと話をすると、そんな冷めた人ばかりでないこともすぐわかる。むしろ、自分は困っている人がいたら進んで協力してあげたい、職場をもっとみんなで支えあいながら、一緒に頑張っていける場所にしたいと思っている人も、かなり多くいる。ところが、気がつくと、みんなが自分のことで手一杯になって、お互いのことを気遣うことができなくなってしまったのだと言う。こうした気持ちが気づかない間に連鎖し、お互いに本来の気持ちとは異なる行動をとるようになってしまう。

職場、あるいは組織には、そういった自分の気持ちだけではどうにもならない、雰囲気、空気というものがある。気づかない間に、ある人の気持ちが他の人の気持ちに影響を与え、その気持ちが職場全体に広がってしまい、一人ひとりではどうにもならない空気をつくりだしてしまう。

あなたの職場は大丈夫だろうか。

何か「職場がおかしい」と感じたことはないだろうか。

関わらない、協力しない

もう少し具体的にイメージしてみよう。以下では、実際に起きた事例を紹介している。あなたの周りで、あるいはあなた自身に、同じようなことは起きていないだろうか。

【直接対話しない】

毎朝、社員は出勤してくると黙って自分の席に座り、パソコンを立ち上げる。大量のメールを読んでその対応に追われているうちに、何時間も過ぎてしまう。その中に、隣の人や近くの人から来たメールがあっても、すべてメールで機械的に返事をしていく。

そんな中でちょっとしたトラブルがあった。ミスを発見した人が担当者にメールを送り、その対処を急いで欲しいと伝える。ところが、それは自分のミスではない、別の人が対処すべきだなどといったやり取りになり、問題がこじれてしまった。見えるところに席があるのに、直接話をせず、メールで何度もやり取りをしている。しかもそのやり取りは、関係者すべてにCC（同報メール）で流されている。お互いに自分のせいではないというのを他の人に知って欲しいと主張している。

【新しいことに参加してくれない】

新しいプロジェクトが発生した。大きなプロジェクトである。自主的に参画して欲しいと公募にしたが、誰も手をあげてくれない。

そこで業務の状況を踏まえて、上司と相談の上、ある中堅社員Aさんにメンバーとして参画して欲しいと依頼をした。ところが彼は、自分の担当業務が忙しいし、さらに自分の仕事で大きな案件が入る予定なので難しいと繰り返すばかり。結局、形式的に入ってもらったが、いろいろ理由をつけてミーティングに参加してくれない。

周囲の人に聞いても、そんなに忙しいわけはないのになあ、との答えが返ってくる。今回だけでなく、Aさんはいつも自分の業績に直接関係ないことには、協力してくれないとみんなに言われている。

【部門間での連携が上手くできていない】

商品開発部から一向に連絡がない。商品の発売予定を考えると、いまの段階から生産体制の準備が必要だ。ところが問い合わせても、まだ検討中という連絡ばかり。

そうこうしているうちに、直前になって商品の仕様変更があり、生産面および品質管理面で大きな影響が出てしまった。しかし、彼らはそのことについて、一言も謝罪がない。ただ、変更があったので早急に対処してくださいという説明だけだ。

彼らはいつも一方的で、自分たちの言う通りに動いてくれるものだと思っている。結局、自分たちもスケジュールを押されてしまうから、そのしわ寄せが今度は営業に影響を与えてしまう。お互いにもう少し、状況を伝え合いながら、協力できないものなのだろうか。

【上司や会社は、どこまで自分を育てようとしているのか?】

うちの会社は、入社すぐの社員に一分野を担当させてくれる。責任のある仕事だ。しかし、その仕事の内容や進め方を教えてくれたのは、最初の研修のみ。ＯＪＴ（オンザジョブ・トレーニング）で教えますと言われたが、自分で勉強するのが当たり前。上司や先輩は忙しそうで声を掛けづらいし、向こうから声を掛けてくれることはほとんどない。大きなトラブルでなければ、自分で解決していくしかない。

気がつくと、同じ仕事をもう三年も繰り返している。この仕事がわかるのは自分だけになってしまった。次の仕事にチャレンジしたいと上司に伝えたが、この仕事は君が頼りだからといって、話を聞いてくれない。自分はこの先、どうなるのだろうか。この会社は、自分を都合よく使っているだけなのではないだろうか。

【契約社員や派遣社員は、一緒に働く仲間ではないのか？】

昔は一般職といった女性の正社員が多くいたが、いまは契約社員や派遣社員が業務管理などの役割を担っている。経験の長いそうした社員などは、正社員以上に会社の業務の仕組みをよく知っているし、若手正社員以上の働きをしている人たちも数多くいる。

しかし、個人の名前を覚えずに「派遣さん」と言って指示を出してくる社員がいたり、会社も正社員でない人たちはネームカードの色などで区別したりしている。あなたたちは社員とは違う。そういったメッセージや実際の扱いの違いに戸惑うことが多い。自分たちはいつまでたっても外の人。仲間にはしてもらえないのだろうか。

ここに出てくるような、「直接対話をしようとしない」、「関心を持ってくれない、協力してくれない」、「調整が上手《うま》くできない、連携できない」、「関わってくれない、放任されているだけ」、「仲間になれない、仲間にしてもらえない」といった事例をあげようとすれば、きりがない。

あなたの会社、あなたの職場でも、似たようなことが起きていないだろうか。お互いに必要な関わりができない、踏み込めない、協力し合えないことが、お互いの不信感やモラールの低下を引き起こしているということはないだろうか。

気がつくと、これが職場全体に波及し、「お互いに関わらない、協力し合えない組織」になっているということがないだろうか。

閉じた働き方、閉じた関係

協力し合えない組織では、どうも共通に以下のような心理の連鎖が起きているようだ(図ー)。

まず、各人の仕事は細分化され、一人ひとりに独立した役割が与えられているケースが

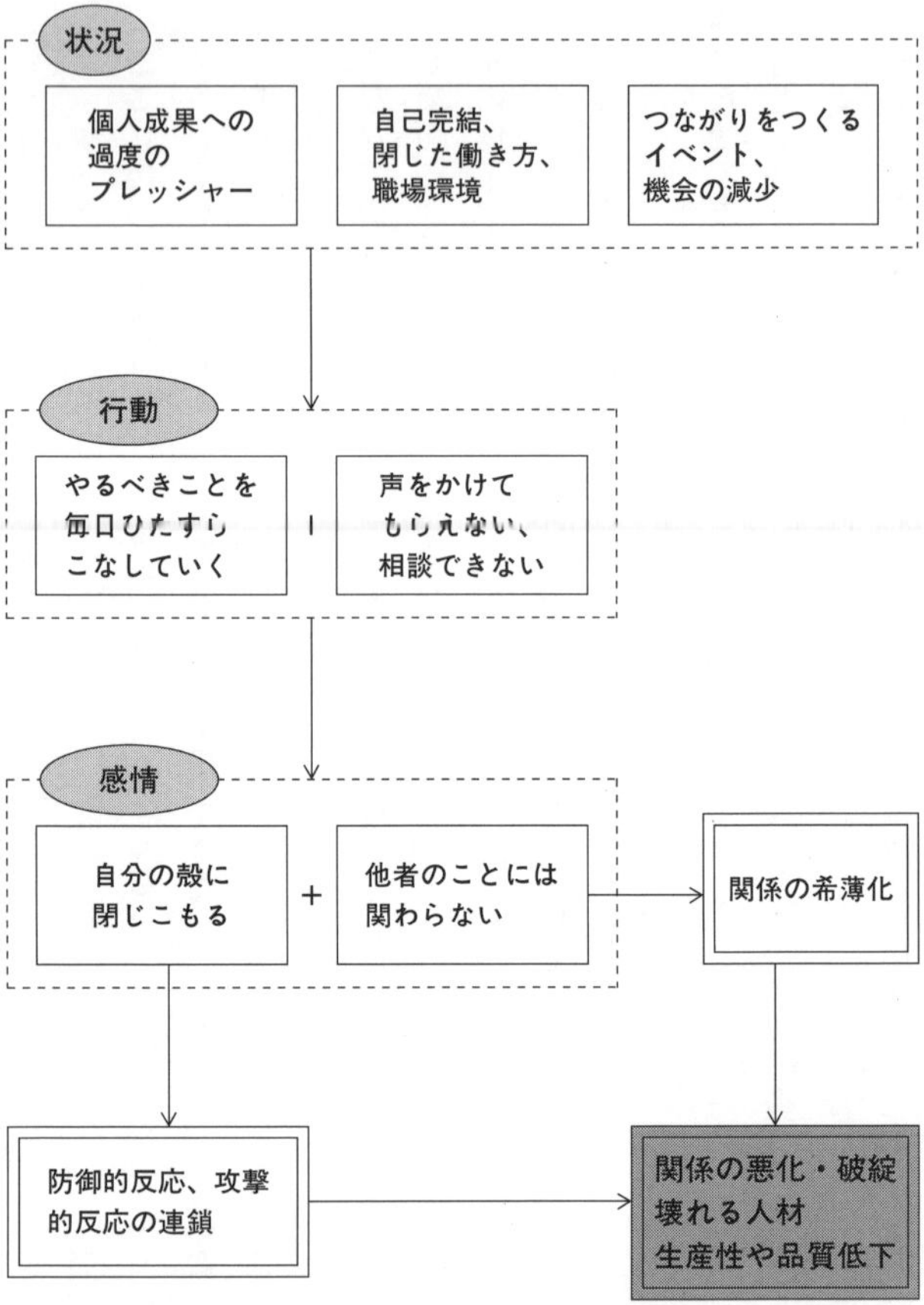
状況
個人成果への
過度の
プレッシャー
自己完結、
閉じた働き方、
職場環境
つながりをつくる
イベント、
機会の減少
行動
やるべきことを
毎日ひたすら
こなしていく
＋
声をかけて
もらえない、
相談できない
感情
自分の殻に
閉じこもる
＋
他者のことには
関わらない
関係の希薄化
防御的反応、攻撃
的反応の連鎖
関係の悪化・破綻
壊れる人材
生産性や品質低下

図1　関係の希薄化を生み出す構造

多い。ある意味、責任ある仕事を任されているということではあるが、個々人で判断し、個々人で対応しなければいけない業務であることが多い。自分が休めば、簡単に他の人が代わることはできない。だから、自分で抱え込まなければならない。

仕事は自分で抱え、自分でやり切るものだ。そういった価値観が、強迫観念のように唱えられている。

さらに、マネージャーから新入社員まですべてが、個人成果へのプレッシャーの中で働かなければならない状況に置かれている。会社全体やチームとしての成果よりも、まずは個々人が何をどこまでやるのかを明確に約束し、その成果＝結果がより重く評価され、報酬にも大きく反映される。

成果を出さなければならない、しかも「自分で」成果を出さなければならない。適当にやったら、あとで大きく自分の給与や昇格に影響する。手を抜けない。そうした強いプレッシャーがかかっている。

加えて、周囲の人たちを知る機会、特にその人の「人となり」や「考え方」を知る機会が著しく少ない。朝礼や部会などは定期的に行っているが、業務の進捗《しんちょく》報告中心で、お互いの状況や悩みをシェアしたり、一緒に議論したり、考えたりする機会はほとんどない。さらに、飲み会や社内のイベントなどはほとんどなく、仕事以外でお互いを深く理解するようなコミュニケーションはほとんどない。

同じ職場の仲間でも、その人がどんな人なのか、わかっているようで、よくわからない。まして、他部署の人になればなおさらだ。中途社員や契約社員・派遣社員が入れ替わり入社してくるような会社ではさらに、顔と名前が一致しないような人も社内に増えていく。お互いを理解しようにも、変化のスピードが速すぎる。

自分の状況をわかってもらえない

こうした状況の中で、各人は自分のやるべきことを日々こなしていく。業務量は多く、自分一人でやり切るしかない。長時間残業を繰り返す。ひどい場合は、休日出勤もしなければならない状況になる。

しかし、これだけ自分は忙しい思いをしているのに、誰もわかってくれない。声を掛けてくれない、声を掛けられない、相談できない。こういった状況が続く。

同時に、自分も周囲の仕事がよくわからない。聞かれても適切な助言ができるかどうかわからない。いい加減なことも言えない。忙しい中で自分から関わって、仕事が増えたら大変だ。自分じゃなくても上司や先輩がどうにかするはずだ。自分は目の前の仕事をやればよい。そんな心理も働いてくる。

どうもまじめな人ほど、こういった心理になり、自分で抱え込み、自分の中で仕事を完結させようと必死になっているように思う。こうした一人ひとりが自分の仕事の中に閉じこもり、お互いが声を掛けない、声を掛けづらい状態。なんとなく沈滞した冷めた空気が蔓延《まんえん》している「関係が希薄化した状態」である。

自分を守ろうとする心理

さらに状況を悪化させてしまうことが起きる。助けて欲しいときに、誰も気づいてくれなかった、誰も声を掛けてくれなかった、声をあげたのに手伝ってもらえなかったという経験である。これを繰り返してしまうと、何もしないほうがよいという学習をしてしまう。「学習性無力感」というものだ。ひどい場合は、自分の殻に閉じこもってしまい、精神的、体力的に追い込まれ、つぶれてしまう人も出てしまう。

その結果、自分の心と体を守るために、自分の内と外の世界に明確に線を引き、そこに踏み込ませないようにする。何か起きたら自分には関係ないと無関心を装う。それでも踏み込んできたら防御する。さらに度が過ぎると、周囲に対して攻撃的な態度をとり始める。自分の領域に踏み込ませないように、自分は忙しいと主張し、踏み込んでこられそうになると強く抵抗する。

こういった状況が続くと、お互いへの不信感が批判や対立の構造を生み出してしまう。結局、みんな自分のことしか考えていない。ならば自分もそうしよう。他の人がどうなっていても、自分は自分の目の前の仕事だけやっていればよい。何か問題が起きても傍観者になろうとする。こうなると「関係が悪化した状態、破綻《はたん》した状態」になる。

このように、協力し合えない組織では、お互いの顔が見えない、お互いの意図や状況が見えない中で、非協力でいることで自分を守ろうとする感情や行動の連鎖が起きてしまっているのだ。

つぶれる中間管理職

ここで一つの疑問が生じてくる。なぜ、このような深刻な状態になる前に、中間管理職が問題解決することができていないのだろうか。そもそも中間管理職は、成果や業績をあげるために個人と組織の能力を高め、組織全体のモラールを引き出すことが最大の役割ではないのか。職場全体のやる気と能力を高めるのは、中間管理職の責任ではないのか。

しかし、関係の希薄化や破綻が起きている組織では、中間管理職自体が同じように自分自身の仕事で追い込まれ、自分を守るために周囲を否定するような言動をとっているケースも多く見られる。あるいは、人をリードする、まとめる経験の不足から、マネージャーとして自信を持てず、部下や周囲に踏み込めない存在になっているケースも多い。

特にバブル世代およびバブル崩壊直後に入社した世代の中間管理職の中には、業務改革やリストラで自分が担当する業務が絞り込まれ、細分化されていく中で育った人が多い。同時に、バブルの崩壊による新卒採用の抑制などもあり、後輩が入ってこず、自分一人で同じ仕事を回し続けてきた人も多い。

後輩と真剣に向き合って育成・指導したり、あるいは自分自身が修羅場の中で、周囲の力を借りて成功したり、という自信の裏づけになるような経験がほとんどない。物理的に孤立していく状況の中で育った人たちが、いままさに、中間管理職という役割を担うことを求められている。しかし、こうした人たちが、いきなり人をマネジメントしろといわれても、不安になるのは当たり前のようにも思う。

こうした育ちをしてきた中間管理職に、あなた自身の力で解決しなさいと追い込んでしまったら、状況はますます悪化するだけだ。実際に、こうした状況に置かれた中間管理職がうつ状態になってしまったというケースが増えてきている。中間管理職に責任を押し付けても、何も解決しない。

人が壊れる

ここまで見てきて、こうした、お互いに関心を持ち、協力し合うことができない職場、組織が増えてきていることが、社員のモチベーションに影響を与え、さらにまじめな人ほど追い込んでしまうということ自体、大きな問題であることは明らかだ。

特に、精神的、あるいは体力的に追い込まれてしまい、長期間休養しなければならなくなる人が数多く出てしまうと、当然休んだ人の仕事を他の人が引き受けなければならず、負の連鎖が止まらなくなってしまう。実際にある会社では毎年、一〇％近い人たちが長期の休養をしなければならない状態になり、社員の疲弊の連鎖が止まらなくなっていた。

普通の会社では、実際に追い込まれて、リタイヤする人が数多く出ていれば、問題を解決しようと動きだす。

しかし、企業の対応の仕方にも、実は問題が多い。それは、こうした問題を本人の心の問題、体の問題であると捉《とら》え、産業医やカウンセラーにその解決を任せるだけになっているることが多いからだ。

実際は組織マネジメントの問題、あるいは組織全体でつくりだしている風土、価値観や行動原理の問題なのだが、そうした認識ができていない。だから、組織的な解決が図られていない。これでは職場に戻っても、また同じような状況に追い込まれてしまいかねない。

重要なのは、こうした個人の心や体の問題を引き起こしてしまった根本原因を明らかにすることだ。特に、社内のマネジメント、職場のコミュニケーション、さらには人に対する基本的な考え方に、原因がないかを探り出すことが必要だ。こうした問題の原因を特定することなく、壊れた人たちをその都度、医者に診てもらうだけでは、何も解決しない。

また、精神的、体力的に壊れるところまでいかなくても、お互いに関わろうとしない職場で長く働いていて、モチベーションが維持できるだろうか。

昼食も仲間と一緒に行くことなく、弁当を買ってきては自分の机で食べている。いつも忙しいというオーラを発しているから、誰も声を掛けてくれない。そんな中で働き続けている人も増えている。そのほうが、一時的には楽なのかもしれない。しかし、気がつけば職場の人とは業務以外の話はほとんどしない。たまに話をしたとしても、いつも表面的なことばかり。そんな関係に不満もなければ満足もない。そんな無感情な社員が増えてしまう。

仕事とは、基本は労働者と事業者との交換関係だ。事業者の期待通りの役割や成果を出し、その見返りとして報酬をもらう。それだけの関係だ。だから、お互いに協力し合えなくても、自分が成果を出せばそれでいい。それ以上望むのならば、その分、企業はより厚く報いるべきである。

こうした意見を持つ人もいるだろう。確かに、企業と個人との関係を考えれば、この考え方も十分論理的ではある。しかし、本当にそれでよいのだろうか。

実力があり、自分だけでどのような状況でも成果を出せる人、あるいは賢く上司とやり取りし、確実に成果の出せる範囲のことしか約束しない人からすると、割り切った関係のほうがすっきりするのかもしれない。しかし、実際には、お互いに無関心になり、協力し合えない関係になれば、自分が成果を出すために必要な連携や支援を周囲や上司、他部門から受けることも難しくなる。お互いに関わらない人たちが無感情な状態で働く職場になっていく。モチベーションや活力は高まらない。何か起きても、他人事《ひとごと》になっていく。結局、一人ひとりが孤立し、誰かが困難な状況に陥っても、誰も手を貸してくれない状況になってしまう。

生産性や創造性が低下する

社員の心や体を壊す、そこまで行かなくても無感情な社員を増やしてしまうことは、企業活動自体にも大きな影響を与える。協力し合えない状況が続くことで、大きく二つの問題が生じる可能性が高まる。

一つは生産性の低下である。協力し合えばスピーディに判断・行動できたことが、できない。お互いに押し付け合い、調整に時間がかかる。ちょっとしたお願いが、反発を生み、仕事が止まってしまう。役割分担すれば早く終わる仕事が協力を得られず、時間がかかってしまう。

こんな経験を何度かしてしまうと、相談をしたり調整することで不愉快な思いをするくらいなら、人には頼まない、自分でやるという感情になってしまう。本当は任せればよいことも、自分で抱え込んでしまい、さらに生産性を低下させることにもなりかねない。

また、お互いに知恵や経験を持ち寄れば、もっと効率的に進められることも、上手くできなくなってしまう。ちょっと聞けば教えてもらえることも聞かずに、一から自分で調べ出す。過去の蓄積を活用すればよいものも、一から作り直す。知恵を出し合えば解決策が見つかることも、自分の限られた経験の中だけで判断しようとする。

協力し合えないことが、仕事のスピードや効率を落とすだけでなく、お互いの知恵を出し合って問題を解決したり、新たな取り組みを生み出すことにも、影響を与えてしまう。

社内のイントラネットやIT環境が整っている企業では、必要な情報はパソコンを介してやり取りできるので、支障はないと思われるかもしれない。しかし、人に蓄積された知識や経験、労力といったものは、情報をやり取りできれば手に入る、というわけではない。組織全体での生産性、効率性、創造性を考えると、お互いがいつでも知恵を出し合い、協力し合える環境が必要である。

品質問題や不正が起こる

さらに、企業にとって致命的ともいえる、もう一つの大きな問題が起こりうる。それは品質に関わる問題である。お互いが関わらず、協力し合えないことで、互いのミスが発見できない、あるいはお互いが仕事を押し付け合っていて、空白地帯ができてしまう。さらに、問題を感じていても、お互いが踏み込んで指摘しない。これが、最終的には、組織の自浄作用を失わせ、品質への信頼を揺るがせるような大きな問題を引き起こしてしまう。

食品会社の品質管理や偽装問題、航空会社の整備不備問題、自動車メーカーの部品欠陥問題、番組制作会社の捏造《ねつぞう》問題など、品質をめぐる問題は後を絶たない。これらを担当責任者の管理が足りないという問題で片付けても、何も解決しない。なぜ、こうした問題を事前に感知できる人が少ないのか。あるいは、仮に感知できても、その人たちがなぜ、声をあげられないのか。

お互いの仕事がわからない、お互いの仕事に関心を持つ余裕がない。このことが、他人の仕事への感度を落としていることは明らかである。同時に、仮におかしいと思っても、声をあげれば、自分が矢面に立たなければならなくなる。それが、苦痛であり、自分自身がさらに仕事を抱え込むことになりかねない。おかしいと思っていても黙っていよう。そんな心理が働いてはいないか。

実際にある企業で、自分たちの設定した厳しい安全基準を満たしてはいないものを、品質管理担当者がそのまま認めているという事例に出くわしたことがある。法的な基準はクリアしている。ここでさらに自分たちの決めた品質基準をクリアしようとすると、生産ラインを止めてしまうことになり大きな損害が出る。成果にも響く。だから、品質管理担当者はわかっていても、あとで社内的な批判を受けるぐらいなら、そのまま流してしまおうと考える。

金銭が絡むような不正、横領などの問題も、根っこは同じである。互いの関係が希薄になっている組織では、一人ひとりがブラックボックスになってしまい、誰が何をしていようがわからない。仮に、おかしなことをしている人がいると気づいても、ここで自分が声をあげたら、かえって自分の立場が悪くならないだろうか、みんながやっていることだし、黙っておこう。こうなってしまう。

何が正しいか、正しくないか。それは、簡単に言えることではない。ただ、自分の役割に閉じこもり、お互いの仕事に関心を持たず、おかしいと思っても踏み込んでいくことができない企業では、気づかない間に、深刻な問題が社内に広まってしまっている可能性もある。

こうしたリスクを抱えている企業は何をしているのか。ここでも、解決方法を間違えている企業が多く見受けられる。多くの企業が行っているのは、コンプライアンス、倫理観に求めて、社員に自覚を持たせようとすることだ。しかし、ただ枠をはめるだけで、解決するだろうか。

大事なのは、規程をつくって守らせること、守れなければ罰するということではないはずだ。むしろ自分で迷うことがあれば、おかしいと思うことがあれば、それを周囲に伝え、一緒に解決していくプロセスを共有することではないか。リスクを減らしていくために、ルールを決めて、各人が守るだけでは、リスクを減らすことにはならない。みんなで一つひとつの事例を通じて、考え、行動していくという状態をつくりだすことが必要である。

人材構成・働き方の多様化に対応できるか

協力し合えない組織では、このように社員が心や体を壊していくという問題に加えて、組織全体で見た仕事の生産性や創造性の問題、品質上の問題を起こしかねない。仕事なんだから、ギスギスした関係であろうが、各人がやるべきことをしっかりやればよいという考え方を持っている経営者は、経営の根幹に関わる大きなリスクを自分で拡大させていることに気づかなければならない。

さらに今後の経営を考えると、こうした問題が組織運営をなお一層、困難にする可能性が高まる。その大きな要因は、ダイバーシティ、すなわち人材構成の多様化、働き方の多様化である。

すでに始まっている人口減少社会の到来は、今後さらに若年労働者の不足という問題を突きつけることになる。すでに社内の年齢別の人材構成のピラミッドが崩れている企業は多いと思うが、若手人材の極端に少ない企業になってしまう可能性もある。このまま新卒、男性、日本人中心といった採用戦略をとれば、量的にも質的にも十分な人材が確保できない企業がこれまで以上に増えていくことになるだろう。

優秀な女性が活かされる状況を整える、退職した高齢者にも現場を支える人材として活躍してもらう、あるいは外国人ホワイトカラーを積極的に採用するなどして、ともに働く仲間として位置づけ、多様な人材を惹《ひ》き付け、彼らの力を引き出す環境を整えることが、自分たちの成長や存続を左右する重要な課題になっていく。

加えて、働き方、働く価値観の多様化はさらに進む。これも従来の正社員、長期雇用前提の働き方でない、新たな価値観に基づく働き方のバリエーションが一層拡大するということである。たとえば、契約社員も単なる日常業務の補完的な役割ではなく、専門性やスキルのレベルに応じた契約社員、あるいは成果やアウトプットを一定期間にあげることをベースにした契約社員など、その契約形態のバリエーションが広がる。

さらにワーク・ライフ・バランスの観点から、女性だけでなく男性社員も育児や介護などの事情から一定期間、仕事から離れる。あるいは、各人の働く価値観に合わせて、時間や場所を限定した働き方の選択肢も増えていく。こうした各人のライフステージに合わせた最適な働き方を提示できなければ、優秀な人材を引き留めることが難しくなる。

つまり、企業の中で働く人員構成が多様化するだけでなく、その中で働いている人たちの働き方のバリエーションも拡大していく。極端な話、職場の中で複数の国の男性・女性社員、雇用形態や勤務形態の異なる社員が、それぞれジョブごとに柔軟に組み合わせを変えながら、その仕事に応じたコミットをしていく。そうした多様性、個別性が拡大していくことは、企業ごとにスピードこそ違っても、徐々に進行していく。

多様性を取り込むことは、新たな発展の可能性を広げることになり、本来楽しみなことである。こうした多様性をお互いが尊重し合い、お互いの良さを認知し合い、お互いが知恵と力を出し合う関係が構築できれば、企業活動の創造性も効率性も高まっていくことだろう。グローバルレベルでの知恵のネットワークが企業の競争力となっている企業もすでにある。

しかし、これまで見てきた協力し合うことができない組織で、人材構成や働き方の多様化だけが進んだら、どうなってしまうのだろうか。そもそも、人と人がともに働く仲間として相互に貢献し合う状況、前向きに関わり合う状況がつくりだせず、決められた自分の枠内の仕事はやるが、その範囲を超える仕事に自ら関わろうとしないという状況で、多様な人たちを尊重し、巻き込んでいくことができるのだろうか。

多様性、すなわち異質なものが入り込むこと自体、もとからいる人にとっては、心理的抵抗感を生む。それは、自分の予測できる行動、意図する行動とは異なる行動を相手がとることによって、自分にとって不利益をこうむることになるのではないかという不安感から来るものだ。ベースとしての「信頼」が欠如し、関係性を適切にマネジメントできていない状況の中に異質なものが入り込むと、さらに不安、不信の連鎖が起こりかねない。

グローバル化、ダイバーシティ、こういった言葉に踊らされて、いまの組織の状態を理解することなく、多様性を拡大させていないか。その結果、ますます協力し合うこと、お互いが踏み込んでいくことへの抵抗感を強め、組織全体のリスクが高まっていないだろうか。まずは、足元をしっかりと立て直すことから始めるべきではないのか。

協力の問題は、組織の問題であり、社会の問題でもある

こうしたお互いに踏み込まず、無関心を装う人たち、時に攻撃的に人を批判し自分を守ろうとする人たちが、企業だけでなく、社会全体に増えているように感じられないだろうか。個々人を追い込む環境の中で、自分の存在を保つために、自己防御するという意識が、社会全体に広がっているように感じる。

教育学者の速水敏彦は、自分を保つために仮想的有能感を持って、他者を見下し、他者を否定する若者たちが増えしいると指摘している（『他人を見下す若者たち』講談社現代新書、二〇〇六年）。本来持つべき自己肯定感は経験の積み重ね、自分の存在が認められているというフィードバックの積み重ねによって、持つことができる。しかしこうした経験が少ないまま成長した若者たちは、自分が周囲からはじかれてしまうことが不安になる。そこで自分がいかに価値ある有能な人間であるかを認めさせるために、他者を軽視し、時に他者を否定する。希薄化した人間関係になるほど他者が脅威になり、他者を否定してでも自分を守ろうとするのだという。

こうした現象も、いま、企業で起きている現象と同じではないだろうか。何も若い世代に起こっている固有の現象のようには思えない。むしろ、関係が希薄化した職場では、こ

うした仮想であっても自己肯定感を得たいがために、時に周囲との関係を絶ち、時に周囲との関係を拒みながら、自分を守ろうとする行動が広がってしまっているということがないだろうか。

協力の問題は、一人ひとりの心の問題であると捉えていては、何も解決しない。一人ひとりに負の行動をとらせてしまう、組織的要因、周囲からの影響要因がある。その原因を突き止め、解決していかなければ、負の心理の連鎖は止められない。

組織長や中間管理職だけでなく、すべての社員が、関係が崩れた背景にある人の心理を理解する。その上でお互いに尊重し合い、貢献し合える関係に変えていくための方法論を共有していく。こうした取り組みを通じて、個人の問題ではなく組織の問題としてみんなで取り組むという意識を共有することが重要である。

同時に、協力の問題は、社会の問題でもあるということに気づかねばならない。隣に住んでいる人がどんな人なのかわからない。何かあっても相談できる人が近くにいない。独りで亡くなっていく人も増えている。攻撃的なコミュニケーションが氾濫《はんらん》している。環境問題のように社会全体で協力して解決すべき問題への取り組みも進まない。

こうした現象が、地域社会、学校、さらには家庭といったさまざまな場で起きてきている。日本社会全体が、協力し合うことができない社会になりつつある。

協力し合えない組織、協力し合えない社会では、不安と不信が広がり、自分を守るために大きなコストを支払わなければならなくなる。協力しないという行動の連鎖が、結局は自分を苦しめることになる。このことをすべての人が理解しなければならない。

本書ではこうした、関われない、協力できないという心理の連鎖が、どのように生まれ、拡大していくのかを理解していく。その上で、この心理の連鎖を断つために、何を組織全体、社会全体で共有すべきかを、一緒に考えていきたい。

第二章　何が協力関係を阻害しているのか

協力関係を阻害する「構造的要因」

協力関係の再構築を考えるためにも、いまなぜ協力行動が阻害されるようになったのか、その原因を考えてみたい。その検討のフレームワークとして、以下を提示しよう。役割構造、評判情報、インセンティブの三点からなるフレームワークである。

このフレームワークは、会社の中で個々人の協力行動に影響を与えるフレームワークである。図2を見ていただきたい。人マークは個人のイメージである。

まず「役割構造」である。

会社で働く以上、個人は何らかの役割や責任を担っている。この役割や責任の定義により協力関係が規定される。たしえば、多く見られる事業部制という括《くく》りは、「事業」という括りで皆協力し合い、働きましょうね、という組織の役割構造である。個人の業務や役割分担も同様である。この括りで働きましょうね、という役割構造を持っており、その構造により、誰と協力しなければならないのかというメッセージが伝わる。

二つ目は「評判情報」である。評判情報の共有度合いも人の協力行動に影響を与える。理由は、人は知っている人には協力したいと思うもので、当然至極のことである。お互いの「人となり」を知れば知るほど（それがお互いよい人となりである必要はあるが）、協

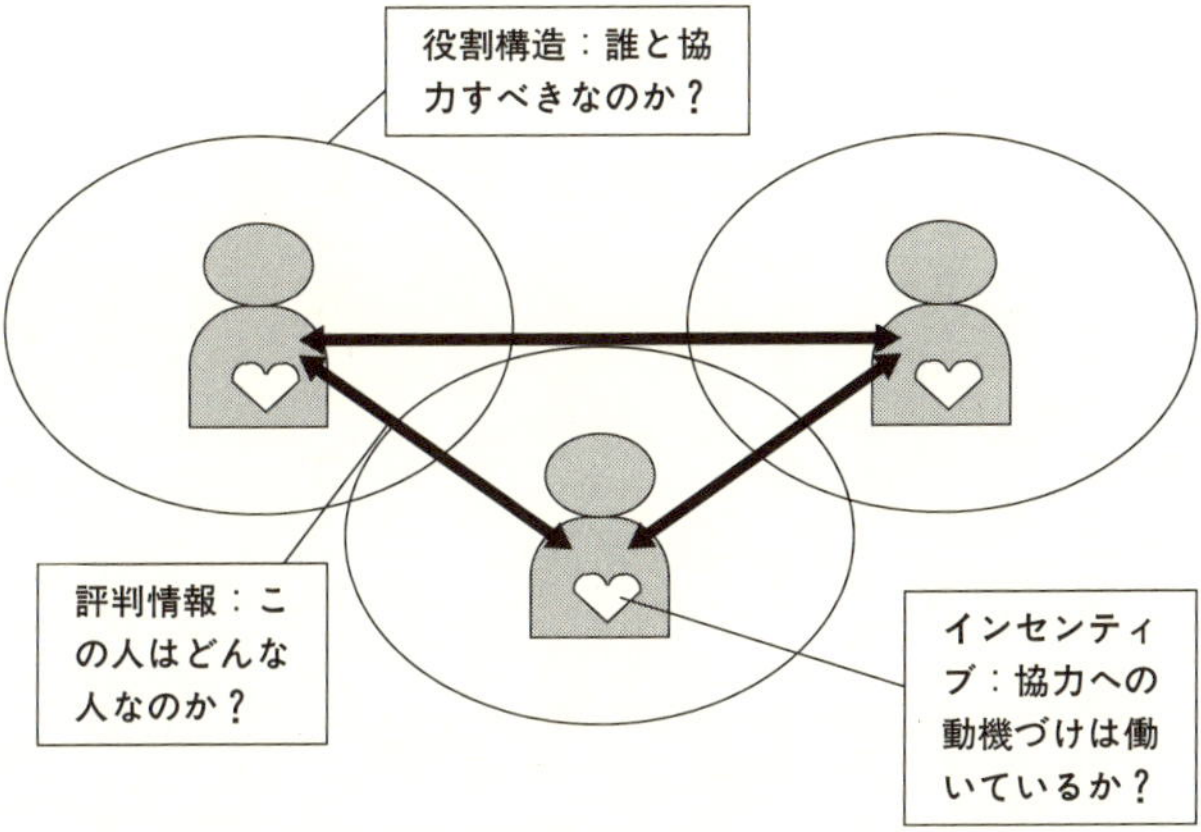
役割構造：誰と協力すべきなのか？
評判情報：この人はどんな人なのか？
インセンティブ：協力への動機づけは働いているか？

図2　協力を考える三つのフレームワーク

力関係は生まれやすい。この評判情報の共有の度合いが近年どのように変わったのか、その協力関係の影響はどのように変化したかを確認する必要があるだろう。

最後に「インセンティブ」である。

インセンティブというのは、日本だと営業インセンティブとか〝馬ニンジン〟のイメージがあるが、そのような狭い意味のインセンティブではない。広い意味での動機づけ施策のことを指している。

人が何か行動を起こす際には、何らかの動機づけが働いている。協力行動もしかりである。人を協力行動に駆り立てる動機が存在するのである。このインセンティブには、長期、短期という時間軸も影響をする。人がなぜ過去において協力行動をとったのか、それがなぜいまはとらなくなったのか、人の動機づけにどのような変化があったのかを理解する必要があるだろう。

1　進む組織のタコツボ化

ハコの「緩さ」が特徴だった日本企業

まず最初に、役割構造、業務構造の変化が日本の会社の協力関係に与えた影響を確認してみよう。

役割構造、業務構造というのは、通常会社で仕事をする際に決められる「仕事の範囲」である。実は、日本企業の大きな特徴は、この仕事の範囲の「緩さ・曖昧《あいまい》さ」にある。

筆者（永田）もかつて新入社員として、日本のあるメーカーに就職し、仕事を与えられ、その結果を上司に報告した際に言われたことがある。

「仕事というのは、言われたことをやるだけでなく、言われてないことをやることだ」

このように日本の企業では、仕事の責任範囲が曖昧で人の能力やその時々の状態によって変化をさせることが多い。

この曖昧さは欧米企業と対比するとわかりやすい。欧米企業は職務を中心に組織が組み立てられている。この職務により評価や報酬も決められており、必要なスキルも明らかになっている。人事、組織が職務を中心に運営されている。

その一方、日本企業は上記の筆者の例のように、責任範囲を曖昧にし、むしろ人の能力や実態に合わせ、責任範囲を伸び縮みさせる方法で組織を運営している。

この仕事の範囲の曖昧さは、過去の日本企業においては上手く作用してきた。

仕事というのは、ある環境の中でビジネスを行うために設計される。たとえば、このようなお客さんの分布だから、営業を地域割りの担当にするというような形である。ただし、当初正しいと思われた仕事割りも、時間が経ち環境が変化するにつれて、ズレや綻《ほころ》びが生じてくる。

この際に、仕事の範囲が厳密に決められている場合は、「それは私の仕事ではない」というような態度が生まれることが多い。それに対応するには、常に仕事の定義書を書き直していなければならず、それでも想定外の仕事には対応ができず、時間の経過と共に組織が硬直化してくるケースが多い。欧米企業におけるリエンジニアリングなどの活動はこのような背景から生まれてきたのである。仕事を厳密に定義しすぎることによって生まれた弊害を、仕事の括り直しを通じて是正し、生産性を向上させるという取り組みである。

日本企業の緩さは、仕事の変化を吸収し組織としての柔軟性を確保してきたのだ。車のイメージでいうと、柔らかなサスペンションである。次々にあらわれる道路のでこぼこをサスペンションが吸収し、止まることなく前進を続けてきた。

フリーライドを許す構造

ただし、この仕事の範囲の曖昧さも、上記したようなメリットと同時にデメリットも併せ持つ。

デメリット面の第一は、最低限の仕事の成果が担保されない点にある。

仕事の範囲の定義が曖昧なため、手を抜いたりフリーライド（ただ乗り）が比較的容易なのだ。一時期の日本企業で見られたのは、「仕事をしていない、ただ声が大きいだけ」で評価をされるという現象である。これも仕事の成果を測るメジャーがないからだ。このため、高評価者は大勢いるのに仕事の実態は進んでいないということがよく見られるようになった。これが人を中心とした際のデメリットである。

デメリットの第二は、生産性への悪影響である。

仕事の定義が曖昧なため、無駄な業務が温存されやすい土壌となる。過去には必要だったが、現在意味を失っている仕事。もっとよいやり方があるのに、昔ながらの方法で行っている仕事。そのような仕事が積もりに積もり、組織全体の生産性が悪化するのである。

仕事の範囲が定義されていないということに加え、さらに仕事が属人的になっているということも生産性が低い原因である。

仕事を人が行う以上、属人的になることは致し方ない面もあるが、過度の属人性は上記したような仕事の生産性低下の大きな原因となる。外からは「見えなくなり」、「誰も手出しができない状態」になる。

あなたの会社にも思い当たる点はないだろうか。仕事をしているようだが、実のところ何をしているのかわからない人。まったく中身がわからない仕事。あの人が辞めると、仕事自体が止まるといわれている状態。

こうした人や仕事が蔓延しやすい環境を、仕事の定義の曖昧さは生み出す危険がある。

「属人性」は日本企業のウィークポイント

若干道草となるが、この「属人性」は日本企業にとって現在大きな問題となっている。

筆者は以前、アジア地域で日本企業のお手伝いをしていたことがある。その際に、現地で優秀な人材が採用できない、採用しても辞めてしまうという問題にほぼすべての日本企業が直面していた。

過去、日本企業に勤めていた人にインタビューをし、なぜ辞めてしまったのかなどの聞き取り調査を行ったことがある。それによりわかったことは、日本企業には「グラスシーリング」があるということだった。

グラスシーリングというのは、ガラスの天井の意味で、かつて女性雇用の問題の際に使われた社内差別を表す言葉である。彼ら曰く、

「日本の会社は家族的な雰囲気や人を大切にする風土もあり、素晴らしいと思う。ただし、自分は長く勤めようと思わない。なぜなら、日本の会社ではグラスシーリングがあり昇進できないからだ」

「問題は昇進の機会ではない。日本の会社は仕事が属人的になっており、誰が何をしているのか、誰に何を聞いたらいいのかすら、外国人の自分にはわからない」

「そのような会社では成果を出せない。仕事をする身としては、成果を出せない環境に身を置くのは辛い。成果を出せないから出世も見込めない」

このような趣旨のことを何人もの人から聞いた。問題は昇進の制度にあるのではなく、もっと根深い日本の会社の運営にあったのだ。その大きな原因の一つが、仕事の「属人化」なのである。

グローバル化だけでなく、現在の団塊の世代の大量退職に伴うスキル伝承の問題などに

直面し、企業組織として次の段階に移らなければならないいま、日本企業の過度の仕事の「属人化」がさまざまな面で大きな問題となっている。

仕事が属人化してしまうため、経営トップから「見えない」、新たな経営の方針に基づいて仕事も変化すべきなのに「変わらない」、次の世代や世界の同僚に伝えるべき内容も「伝わらない」、これらの問題を引き起こしているのだ。

仕事の定義の曖昧さはこのような深刻な問題をも引き起こしていたのである。

効率化の圧力と成果主義

一九九〇年代前半から昨今に至るまでは日本企業にとって、「効率化」が企業の最大のテーマだった。この時代は記憶にあるように、従来型の成長が止まり、日本企業がその中身を点検した時期である。その結果、主なテーマはコスト削減、効率化に向いたものが多かった。

その代表的な取り組みの一つが成果主義である。本来の成果主義の狙いは、セルフマネジメント人材の育成や、そのような人材による環境変化に柔軟な対応ができる組織づくりであるのだが、多くの会社では、従来、年功や経験年数などで支払われていた報酬を、「成果」に応じて支払う形の「効率化」に重きが置かれ導入が進んだ。

上で述べてきたような、仕事の定義の曖昧さによる非効率などの問題が目立つようになり、そこにコスト削減のプレッシャーが加わった。

成果主義の根本の一つは「成果」を定義するというところにある。それはつまり「仕事の定義」を明確にするということである。この仕事がどのような成果を生み出すべきかを個人ごとに定義をしてゆく活動であった。これは従来の曖昧さを出来る限り排除し、個人個人の仕事をはっきりとさせていった。

「あなたの仕事は何なのか？　あなたの成果は何なのか？」

成果主義とは、これらを全会社的に問いかける運動であった。

この運動は、上記したような「緩さ」による問題が大きくなっていた日本企業にとっては、非常に有益な「成果」をもたらした。

たとえば、フリーライダーの排除である。成果主義導入以前では、指摘をしたように、声の大きな人が評価をされる、実行力は低いが頭のよい人が評価をされるなど、仕事の成果とは異なる評価が行われていた。それが、完全とは言わないまでも、仕事の成果という軸で評価が行われるようになり、組織の中にフリーライダーが残れる余地は劇的に減っていった。その結果、組織内の効率化は明らかに進んだ。

それに関連し、従業員の意識面への影響も大きかった。確かに成果、成果と追われ、それがストレスになる例も多く見られたが、それだけ個人が成果を意識するようになったということでもある。

いままで仕事の成果を意識したことのなかった従業員は、個人個人の「成果」を明確に意識していった。その結果、成果を残せない業務＝無駄な業務に従事する人は明らかに減っていった。会社に認めてもらうために「成果を残せる仕事」に集中していったのである。それにより、いままで生産性の低さの原因になっていた、必要な業務とそうでない業務が混在していた状況は改善されてきた。

最近になって、成果主義導入によるデメリットが喧伝《けんでん》されてはきたが、そのメリットも同じように伝えられるべきであろう。成果を明確に意識して仕事に取り組む姿勢を作り上げたのは確かである。

成果主義と仕事の高度化がタコツボ化を進める

もちろん成果主義にはデメリット、悪影響も存在した。

個人は自らの成果創出に集中するインセンティブを与えられ、その方向に行動を向けていった。その結果、個人の成果に関係の無い、薄い業務は次々と消えていった。その中には、個人の成果に関係はなくとも、組織としては必要な業務も含まれていた。従来、組織としては必要だからと社員がお互いに手を差し伸べて行っていた業務は、個人の成果にはあまり関係がないということで、次々となくなった。

組織の「のりしろ」がなくなっていったのである。

その結果、図2の楕円の重なりにあるように、従来重なりを持っていた仕事は時間が経つにつれ、個人間の境界がはっきりし、さらには仕事と仕事、個人と個人の間が空いてきてしまったのである。

仕事の定義を明確に持ったことにより、従来の組織が持っていた「遊び」をなくし、従業員間の「壁」を高くしていった。

これが組織の「タコツボ化」を進めていったのである。

一方、同時期に仕事の専門性の深化、複雑化が進んだ。

先日、日本のインターネット世代のリーダーと言われているベンチャー企業の社長と話をする機会があった。

彼は「現在のIT技術は深さ、広さともとても一人の人が対応できる範囲ではない。競争力を保とうと思ったら、まず第一に、個々人は深さを追求しなければならない……」と言っていた。

これはITの世界に限ったことではないだろう。

世の中のすべての仕事にこの流れは強まっている。製品やサービスへの顧客からの要求が高まるにつれ、個々の仕事に求められる水準も高まっている。

この仕事の高度化の圧力は、個々の社員の専門性をより深めることを求めていった。個々の仕事で成果を出すためには、それぞれの社員は自分の仕事の専門性をより深めていく必要があったのである。

組織としては、個人個人の専門性を深めるために、個々の仕事を細分化していった。この細分化によって専門性を高め、仕事の成果や品質が安定するだけでなく、コストも習熟することで下がってくる。習熟カーブが効くことによって、組織の生産性は上がっていくという見込みもあった。

このような、効果、効率双方の面からメリットのある専門化、細分化は組織の中で進んでいったのである。

こうした流れの中で、人事的には求める人材像として、専門家人材がクローズアップされていった。専門性の深さの評価ウェイトが高まるにつれ、社員の専門家志向もますます強まっていった。専門家・プロ化志向がブームになった。この志向性の変化の影響は後の章で詳しく述べるが、社員の仕事への意識を明らかに変えていった。

ジェネラリストに求められる幅広い視野でなく、境界をもうけ、深さを求める意識を強めていった。その結果、社員はタコツボの奥に奥にと入っていってしまったのだ。

弱まった組織力

成果主義を中心とした「仕事の定義」の明確化と「専門性の深化」は、従来の日本企業の組織の持つ非効率な部分をなくし、組織の生産性を高めていった。

ただし、一方で徐々にその弊害が顕著になってきた。

先述のベンチャー企業の社長は先の言葉に続けて次のように述べていた。

「深さを追求しなければならないことに加え、個々人を束ねることが仕事を進める上で必要になっている」

彼は「深さ」だけでなく、個々人の仕事を「調整し束ねる」ことの必要性にも言及をしていた。

日本企業においては、従来「束ねる」ことは、社員の相互協力関係により特に意識をしなくとも機能をしてきた。そのため、「仕事の定義」や「専門性の深化」への意識は高まったものの、「束ねる」ことについての意識は希薄であった。その面での弊害があらわれてきたのである。

その弊害とは具体的には、従来であれば社員間の協力行動で難なく解決できた問題が、組織として対応できず、その結果、顧客対応や品質問題でのトラブルが顕著になってきたことである。また、仕事と仕事の間の調整が上手くいかない、問題がたらい回しにされる、などの組織対応力が格段に低下してきたのである。

「以前だったら、誰かが対応して問題は起きなかった」ようなトラブルが頻発するようになったのだ。

社員のタコツボ化は、生み出すべき成果を明らかにし専門性を深める一方、組織力の低下をもたらした。

組織力とは「個人の力」と「個人間のつながり」のかけ算となる。上記したように、昨今の取り組みは個人の力を高める方向に重きを置きすぎ、個人間のつながりを弱める結果となってしまった。

この影響は世代が変わるにつれ、より顕著になってきた。

タコツボ化以前の旧世代の社員から、タコツボ状態しか知らない世代へと、組織の中の構成が変化するにつれ、問題が大きくなってきたのである。

その理由は、旧世代は仕事の範囲が曖昧であったが、曖昧であったがために自分の仕事の前後工程や関連工程を常に意識し知る必要があった。その結果、自分の仕事をしていても、受け手の状態を考えながら自分の仕事の調整をする、お互いの仕事の間に落ちそうな状態を事前に察知して手を伸ばすなどの行動が自然にとれていたのである。曖昧なるがゆえに、個人間のつながりが強化されていたのである。

その一方、その状態を知らない新世代に変わるにつれ、自分の仕事の範囲しか知る必要がない状態でよしとされたため、個人間のつながりが極端に悪くなってきた。これは彼ら新世代の責任ではない。

「あなたの仕事の範囲はこう。期待する成果はこれ」と言われてきたら、その範囲に集中すればよいと考えることが当然となるであろう。

こうして世代が移るにつれ、前後工程への理解や意識の度合いが減り、仕事は分断されてきた。さらに、「それは私の仕事ではない」状態が蔓延するにつれ、自分と他者との間に落ちるような仕事に対し、手を差し出すということが減り、日本の会社の強みであった「すりあわせ」「柔軟な協力体制」に綻びが生じてきた。それが昨今、頻発する品質問題などのベースにある組織問題である。

2 評判情報流通と情報共有の低下

「知ること」と協力行動

協力行動が阻害された二つ目の原因として、仲間に関する評判情報流通や情報共有の度合いの低下があげられる。

「知っている人だから」という気持ちがあるのとないのとでは、協力行動に違いが出るのは自然であろう。それだけではなく、評判情報が共有されることにより、協力行動をとったほうがよいという判断も働く。ここではそのような評判情報が協力行動に与えるメカニズムを見てゆこう。

知っているから協力しようというのは、人としての自然な感情であろう。

かつての日本の会社は「共同体」と呼ばれたように、まさにお互いを知る多様な機会に恵まれたコミュニティであった。

多くの人が経験があるだろうが、社員旅行や懇親会、サークル、職種の集まりなど多様な出会いの機会に富んでいた。

このような集まりを通じて、社員は自らの職場以外の人や普段の仕事では出会わないような人と出会い、多様な人間関係を構築していった。

近年、米国を中心に、「コミュニティ・オブ・プラクティス」という社内における職種ごとのコミュニティが注目を浴びている。

これは従来のピラミッド組織からプロジェクト型の組織に変わる、かつ専門性が深くなり役割がタコツボ化する環境で、職種ごとのコミュニティを形成し、ナレッジや経験知を共有するだけでなく、流動化する組織の中での「居場所」をつくる機能を果たしているとされ、日本企業からの注目度も高まっている。

だが、この種の「居場所」は、かつての日本の会社の中にはさまざまな形で存在していた。それらは居場所であると同時に、多面的な「認知」の場でもあったのである。

インフォーマルネットワークの場

それではこのような「場」はどのような機能を果たしてきたのであろうか？以下のような機能があげられる。

第一に、インフォーマルネットワークの構築である。

通常の仕事でのネットワークと異なり、このような場で形成されるネットワークは多彩であった。いまで言うと、インターネットのクモの巣状の人間ネットワークである。それはさまざまな背景を持つ多様な場、コミュニティであった。

このような場により形成されたインフォーマルネットワークは、組織内に構築される、職制が中心となったピラミッド構造のフォーマルネットワークを補完し、強化するものとして働いていた。先ほど述べた「コミュニティ・オブ・プラクティス」よりも、さらに豊かな会社内ネットワーク、コミュニティが存在していた。

こうしたインフォーマルネットワークにより、多様な情報ルートが確保されるとともに、情報共有の密度も高まった。

他の部署の人と知り合うことにより、自分の仕事の周りだけでなく、会社全体の様子を把握することができた。それにより、全体情報を持ちながら、自らの仕事を調整していくなどの、全体最適化が自然になされていた。

このように書くと堅苦しく、そんなにすごいことがなされていたの？　と思われるかもしれないが、自らを振り返ってみると思い当たる節があるはずだ。

「あの集まりで知り合った人に、新製品についてのお客さんの評判を聞いたことが、私の営業戦略の取り組みの参考となった」

このような話はどんな会社のどんな職場でも転がっている。

フォーマルなネットワークだけでは、収集に時間がかかる、局所的にしか考えられないなどの限界はインフォーマルネットワークの存在により補完され、組織が有機的に動くもととなっていた。

また、多様なコミュニティの存在により多様な認知の機会が得られた。

人は認められることで、自分の存在価値を見いだし、さらなる自己実現に向かってゆく。多様なコミュニティの存在により認知の機会が広がり、自分はどこかで役に立つということを感じる機会も多くなった。

筆者が某メーカーにいたときも、インフォーマル活動が盛んでそこには多様な人が集まっていた。その世界は、遊びの達人も多く存在し、その人たちもそのコミュニティでは仕事とは別の軸で尊敬されていた。

そのような認知は、自分はどこかに属しているという人間の社会欲求を満たしていた。仮に職場で上手くいかない場合でも、「他」の世界があり、人間関係が存在した。

この人間関係により、社員は会社に「つながっていた」のである。

さらにインフォーマルネットワークの存在により、「意図の確認」もしやすくなった。「話をしてみると、意外にいいやつだった……」というのは、関係をつくる上で重要である。インフォーマルネットワークは、このような他人への「気づき」や、仕事のシーンではわからない人の多面性を確認する場であった。

相手を知るとは、単にその人の形式情報を入手するということではない。その人の行動を引き起こす背景にある、考え方、感じ方、経験、思いといった「人となり」を知ることが重要である。なぜなら、人と協力行動をとるためには、相手がどのような人か、どのような意図を持った人かを知ることが、協力行動のリスクを減らすことになる。「あのような場でそんなことをする人は……」とか「皆が帰った後でも、一人で残って後片付けをしていた」、そのような仕事のシーンとは異なる場面での相手の振るまい、そのもととなる意図、価値観、人間性に関する情報が入る場が存在したのである。

これらの情報は、社内での協力関係をつくる上での基本情報となった。

コミュニティやネットワークによる牽制機能

このような多様な場とそれによるインフォーマルネットワークの存在は、社員同士の結びつきを強めただけではない。

「ずるをしない」という牽制機能も担っていたと考えられる。

密なコミュニティや、多様につながるネットワークの存在は、情報の流通を促すことによって、悪い評判がすぐに流れるという効果を持つ。

「社内運動会の準備委員だったのにまったく手伝わなかった」

「彼と一緒に英会話を習ったけど、外部の先生に対する態度を見てがっかりした」

このような評判は多様なネットワークにのって組織内に広がり、仕事にも影響が出てくる。さらに、長期的な関係の中では、悪い評判が立ち、レッテルを貼られることは致命的となる。

こうしたネットワークの存在が、個人個人がずるをしない、まじめに振る舞わないと自分が将来的に不利になる、損をする可能性が高いと思わせた。

さらに、日本の会社では「人としてどうなのか」という人間性が昇進などの決め手になっていた（現在再び人間力が強調されているのは、興味深い）。そのような環境の中では、評判は「トータルの人間性」を評価する上で、極めて重要であったのである。

人間的に×をもらわないことが重要であったのである。

失われつつある評判情報流通の場

このように、日本の会社においては、社員の多面的な人材情報が生まれかつ流通するインフォーマルな場が存在した。そしてこれらの場は個人個人の居場所を提供し、社員の所属意識を高めていった。

こうした場で、社員はさまざまな認知の機会を得、協力関係を構築することになったのは先に述べた通りである。

この場が近年、急速に狭《せば》まりつつある。

それは前にも述べた効率性を追求するマネジメントの結果である。

効率性を追求するマネジメントにより、会社のインフォーマル活動はなくなっていった。これらの活動は社員側からも、福利厚生面での魅力はすでに失っているという声があったので、会社側としても削減の対象にしやすかったのだ。

確かに、社員旅行や社内運動会を代表とする社内の集《つど》いは、福利厚生という観点からは随分前にその魅力を失っていた。ただし、これらの「場」は評判情報流通機能という重要な機能も持っていたのだ。場の削減と同時に、こうした機能もなくなっていった。

このように評判情報の量、質が低下することは、人と人が協力関係を構築し発展させるきっかけを失わせたのである。

インフォーマルネットワークが弱くなることにより、人と人が知り合うきっかけがなくなっていった。

従来ならば、何か仕事で悩んでいると、「それだったら、あの人に聞けばいいよ」という情報が入ってきた。インフォーマルネットワークの弱体化により、現在このような情報は極めて入手が難しくなっている。人と人を結びつける力が非常に弱くなり、知り合う機会が減少したのである。

3　インセンティブ構造の変化

インセンティブとは?

協力行動を阻害する要因の三つ目は、インセンティブ構造の変化である。

通常、会社におけるインセンティブは、営業部門におけるそれが有名である。たとえば、ある一定の売上を達成したら、報奨金が出るという形のインセンティブである。

ただし、実際この形はインセンティブの一つの例にすぎない。日本ではインセンティブ＝〝馬ニンジン〟的なお金による報酬という理解がなされているが、これは本来のインセンティブの意味からは離れてしまっている。

本来の意味でのインセンティブとは、「人に何かの行動を起こさせるための外的な刺激と、その刺激によって引き起こされる内的な動機の変化の状態」を指す。

つまり、単純にニンジンをぶら下げれば、馬が走るのではない。ニンジンを求める馬がいるから、効果があるのだ。

そのためには、インセンティブの構造を把握する必要がある。

インセンティブ構造は、受け手と出し手のそれぞれの置かれた状態、そこから生まれたニーズ、引き出したい行動、有効な刺激などから成り立っている。この観点から日本の会社で働いてきたインセンティブ構造の検証を行ってみよう。

従来の日本企業のインセンティブ構造

日本の会社は戦後から九〇年代半ばに至るまで実質的な長期雇用保障が行われてきた。それが崩れたと言われるいままでは、「一生の間に転職は当たり前」というように就労者の意識が変わってきてはいるが、大手企業の中では、グループ企業や関連企業への再就職紹介は依然として行われ、社員の側もそれに依存する状態は残っている。

この状態は、次のような環境・状態によっていた。

まず第一は、外部の労働市場の未成熟さである。

最近は外部の労働市場も整ってきたが、九〇年代においては外部の労働市場が整っていたのは一部の職種に限られ、大半の職種については情報も限られ機会も限定的であった。そのような状態では、やはり「転職は人生の大きなリスク」であり、大半の人がチャレンジできるものではなかった。その結果、できるならば現在の会社で働き続けたいというニーズが強かった。

第二に、会社組織も、職種やそれに付随するスキルの概念が弱く、結果として中途入社者が損をしやすい環境にあった。会社組織自体がシステム化されていなかったため、人間関係などに依存する部分が多かったので、中途で入ると、ゼロから人間関係の構築をしなければならず、仕事上も不利だった。

このような環境の中では、「一生同じ会社にいる」ということが人生のリスクを避ける上で大切なことであった。そのためには就労者側では、「同じ会社に居続けられるように行動をする」という動機づけが働いていたのである。

一方、会社側は社員が仕事をまじめにこなし協力行動をとって欲しい、会社全体が成長するような貢献をして欲しいと考えていた。そのような行動を引き出すために、上記したような就労者側のニーズに応える形で「長期雇用」を提供していった。グループ会社や関係先、取引先を駆使しながら、定年まで働けるような場の提供を行ってきたのだ。このインセンティブ提供が実際に上司や先輩社員に適用されるのを見た現役社員は、長期雇用という「期待」を「実感」したのである。

この期待と実感に基づき、社員は行動をするようになる。そこでは、自分の居場所となる会社を保つためには、最低限の協力は常にするという動機づけが働いていたのだ。

この関係は「滅私奉公」と俗に言われるが、筆者はそうは思わない。いままで述べたように、この関係には、両者のニーズ、取引関係が根底にあり（それだけとは言わないが）、それをベースにして両者の交換が機能してきたのだと考えている。

交換関係については第三章で詳述するが、「まじめに働いてくれたら、悪いようにはしないから」という会社からのメッセージに対して、社員側からは「わかりました。どれだけ自分が貢献できるかはわかりませんが、まじめに手を抜かず頑張ります」と応《こた》える形での交換関係は成立していたのだ。

その結果、社員は自分を守る場を、自らの協力行動によって確保しようと行動してきたのだ。

このようなインセンティブ構造により、日本の会社では社員間の協力行動が担保された。誰かが手を伸ばさなければならない状況では、必ず誰かが最後には手を出すという風土が醸成されていった。

「その仕事は私のためになるんですか?」

しかし、近年、このインセンティブ構造は明らかに変化した。

その変化の要因を見ていこう。

まず、就労者側の会社に求めるニーズが変化している。

現在、就労者側の会社への期待は大幅に低下している。それは、会社が就労者の生活を保障できなくなってしまったからだ。

大きな会社の倒産や容赦ないリストラを見るにつけて、会社はあてにならないものだと学習していった。そうなると頼りになるのは結局、自分の腕＝スキルだけということになる。その結果が近年の個人のスキル開発ブームである。

さらに、外部労働市場が成熟してきたことがあげられる。特定の職種だけでなく、会社内のほぼすべての職種の市場化が進み、どのような職種でも外部への業務委託の機会が広がっている。社員からすると、常に外部にオルターナティブ（代替案）が存在するような状態である。

いまの会社で上手くいかなければ転職すればいい、とは現在、多くの社員が心の中に抱いている思いであろう。

このような社員を取り巻く環境の変化により、社員の意識は変化している。単に、「長期的な雇用を保障しますよ」と言っても、まったく信用されない状態である。

「そんなあてにならない保障より、私自身のスキルがアップするかどうかに関心があるのです」と応えられるのがオチであろう。

そのような社員の意識の変化に対し、会社は十分に対応ができているだろうか？　答えはノーであろう。

九〇年代後半以降、会社の主な取り組みはコスト削減を中心としたものであり、人材育成に関する費用も極力削られてきたのが実態である。またスキル開発支援といっても、その方法論もまだ模索中の段階である。行われているのは、昔ながらの集合研修と特定の幹部候補生を中心とした選抜育成であり、大半の人は自らはその対象にならないか、その対象になっても従来の延長線上にある集合研修では、スキルアップにつながらないものになっている。

こうして、あてにならない会社に対し、社員は自らのスキル開発に自己投資を始めた。自らのスキル開発に役立つか否かという観点で仕事をみるようになり、会社から与えられる仕事に対してノーと言い始めたのだ。

「その仕事は私のためになるんですか？」

この言葉は社員の本音をよく表した一言といえよう。

社員は自らの仕事の範囲に自らを限定することに加え、自分のためにならない業務には行動を起こさなくなっていった。そのような状況では、従来のような「求められていない」協力行動は望むべくもないだろう。

いまは、かつてのような「交換」が成り立たない状態なのである。

関係悪化の悪循環

以上、述べてきたように、役割構造の変化による「タコツボ化」の進行、評判情報の流通機能の低下、インセンティブ構造の変化、により、組織内の協力関係の構築・維持が阻害されている状態が現在の日本の会社である。

役割構造がタコツボ化することによって、業務のはざまに落ちた仕事への対応ができなくなる。長期的な協力のインセンティブの不在は、このはざまに落ちた仕事に対し、放置する結果となる。協力しようにも、お互いの関係が希薄な中で、より一歩踏み込んだ関係とならない。

問題が明らかになっても、はざまに落ちた問題が多いため、結局たらい回しになり、解決しない。たらい回しを行っているうちに、関係が悪化し、ますます協力関係が阻害されるという悪循環である。

これらの結果、業務遂行にも支障が生じ全体の業務品質は落ち、会社の業績にも徐々に影響を与えてくるということが起きている。

第三章　協力の心理を理解する

社会心理学から見えてくるもの

前章では、企業の持つ問題に対して、「役割構造、評判情報、インセンティブ」という三つのフレームからの分析を行ってきた。では、どのように分析フレームを活用して対処すればいいのだろうか。

結論から述べるとそれは簡単ではない。なぜなら、協力の問題はそう簡単に解決できるものではないことが、社会心理学をはじめとする多くの社会科学研究でわかっているからである。

この章では、社会心理学の見地から、多少専門的な分析をしてみようと思う。これまで、ビジネスに関する問題については、現場の経験から分析されることが多かった。もちろん筆者らもそうした立場を否定するものではないし、次章では多くの事例をあげて、現場での経験を紹介する。

しかしながら、そういった個々の事例の背後に横たわる構造的な問題と、その分析の視点について、アカデミックな立場で知っておくことは、重要だろう。実験研究などの基礎データから得られた理論的な見方を持った上で、個々の事例を考えることが、より効果的な問題への対処法を得るために有効であると筆者らは考えている。この観点から、本章ではまず問題分析のための基礎的な概念と知見を紹介する。

ここで書かれていることは、一見すると抽象度の高い議論のように見えるが、一方で個々の事例に共通する「問題構造」を示している。その意味でこの章での議論は、本書に述べられた問題以外の組織の問題を分析する上でも役に立つはずだ。まずは、そのための準備として、社会心理学の主要な理論の一つである「社会的交換理論」について解説しよう。

社会的交換理論

社会的交換理論は、実は一言で定義できる。「人や組織間の関係を、有形無形の資源のやり取りとみなすこと」である。

この意味でこれは理論というよりも、むしろ研究のための見方や視点と言ったほうがいいかもしれない。社会的交換理論は一九三〇年代に文化人類学で生まれた。当時、文化人類学では、交叉《こうさ》イトコ婚と呼ばれる特定の婚姻体系がさまざまなところで発見されたことを受けて、なぜそのようなパターンが生まれるのかを説明しようとしていた。このときフレーザーという人類学者が発見したのは、この婚姻パターンを「嫁と財（あるいは嫁同士）の交換」という観点でみると説明がつくことであった。これをきっかけに、経済行為以外でも「交換」という観点から社会を分析できることがわかったのである。その後、この社会的交換理論は、社会学や心理学にも取り入れられるようになった。

交換の考えを理解するのに最も良い例は、経済交換である。経済交換とは、労働力を会社に渡し会社側から給料をもらう、あるいはコンビニで一五〇円払ってジュースを買う、といったものだ。コンビニの例で言えば、客は一五〇円という「資源」を店に渡し、店から店が持っているジュースという「資源」を得ることで交換が成り立っている。このように、経済行為はすべてこの経済交換で成り立っている。

社会的交換とは、この見方を人間関係や社会関係にまで広げてみようという考え方だ。

個別性と具体性

ここで重要なのは、社会的交換でやり取りされるものは、経済交換で行われるものばかりとは限らないという点である。図3－1は一九七六年に、E・B・フォアとU・G・フォアという二人の社会学者が、社会的交換で使われる資源の種類を整理したものだ。彼らによると社会的交換に用いられる資源は「個別性」という軸と「具体性」という軸によって分類できるとしている。

たとえば、愛情について考えてみよう。自分の愛する人からもらえる愛情という資源に

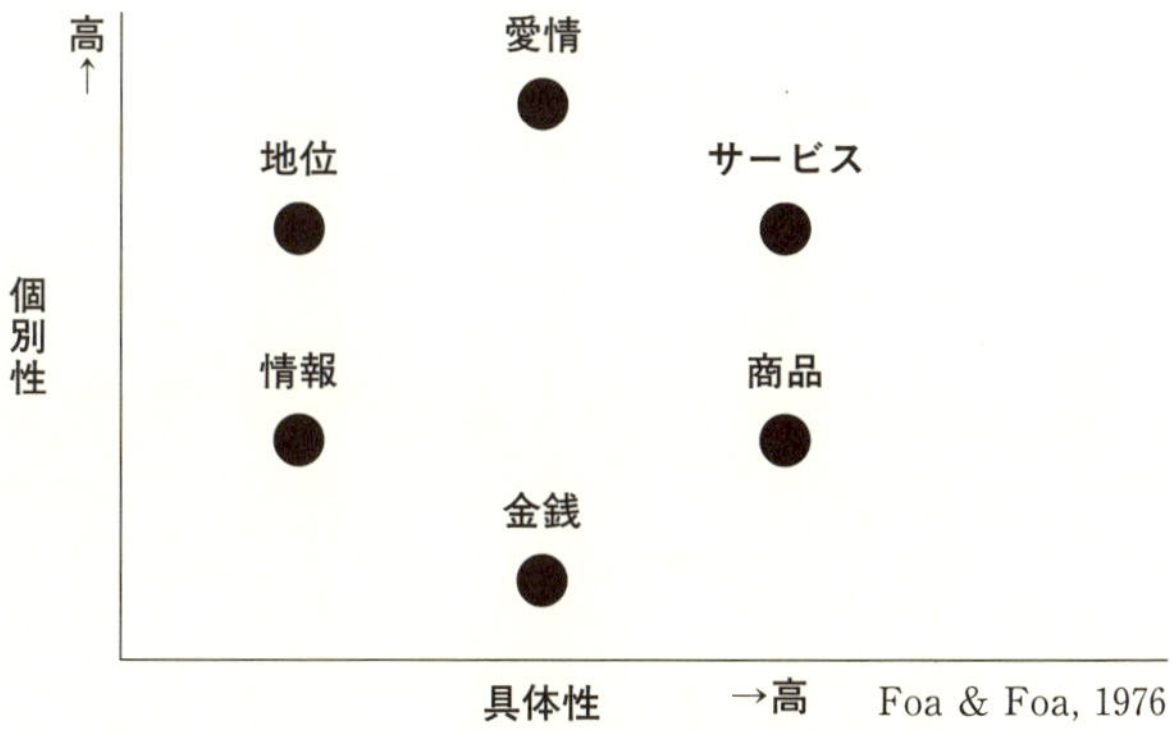
高↑
個別性
愛情
地位
サービス
情報
商品
金銭
具体性
→高
Foa & Foa, 1976

図3—1　社会的交換における資源

は、（自分にとって）大きな価値があることは直感的に理解できるだろう。しかし、「この人はちょっと……」と思っている人から愛情を注がれると、はた迷惑に感じてしまう。この場合、同じ愛情という資源でも、好きではない人からの資源ならば、自分にとってまったく価値のないものとなってしまう。愛情の個別性が高いのは、このように同じ資源でも誰から与えられるかによってその価値が大きく異なるためである。したがって愛情は「誰からもらう」かが非常に重要となるタイプの資源ということになる。

それと対照的なのは金銭だ。どんな相手からでも、お金をもらえば、そのお金は同等の価値を持つ。経済交換ではこのように、個別性の低い財を交換することが多い。

逆に言うならば、社会的交換での資源の価値は、誰からもらうかや、誰が持っているか、という点によって決まることが多々ある。ビジネスでの組織運営は経済行為の一環である。しかし、そこで交換される資源は、社会的交換で扱われるような個別性の高い財である場合も多いだろう。この意味で、企業という経済行為を行う組織の土台になっているのは、社会的交換であることがわかる。そこでどんな資源のやり取りを行うべきか、どのような関係性を築くべきかが問われるのである。この点については後ほど詳しく述べる。

もう一つの軸は「具体性」と呼ばれる。個別性の軸は、同じ資源でも「誰からもらうか」によって価値が異なるものであったのに対し、具体性の軸は、「どんな種類の資源か」という資源の内容によって価値が異なることを意味する。商品やサービスの具体性が高いのは、同じ商品でも、どのような商品かによって資源の価値が変わるためである。

たとえば、女性にとってみれば、化粧品という商品の中でも、男性用化粧品をもらう効用は低く、女性用化粧品をもらう効用は高いだろう。しかし最近では、女性用化粧品の中でも特定のブランドや製品でなければ効用を持たないというケースも増えている。このように価値が細分化されるのが具体性の軸の特徴である。

情報の具体性が高まっている時代

図3―1の具体性の軸に関して、筆者らは現在では疑問を持っている。特に「情報」に

関しては、近年、より具体性が高まっているように思える。フォアたちがこの研究を発表した七六年当時に比べ、いまは流通する情報の量、質ともに大きく変化しており、通信機器やインターネットの普及によって情報そのものを得る機会は格段に増え、情報を得るためのコストも大幅に少なくなっている。そのような時代背景に加え、個人の価値観の多様化や産業の多様化を受けて、必要とされる情報はより細分化され、具体性を帯びてきている。

最近では「○○に関する情報が欲しい」ということを、明確にみんな意識するようになった。たとえば、「オタクビジネス」が盛んになってきたのも、オタクと呼ばれる人々が持っている、あるいは欲している「特殊で具体的な情報」が、ビジネスとして成り立つために起こった現象といえるだろう。昔に比べ、より明確で具体的な情報が、価値を持つものとして交換されるようになる、そんな時代になってきたと筆者は考えている。

そして実は、そのような情報の中には、これまで日本企業の強みと言われてきた「暗黙知」や「すりあわせのためのノウハウ」といった情報も含まれている。

前章では、日本企業のハコの「緩さ」が、そういった情報の交換を促進してきたという「意図せざるポジティブ効果」があったこと、九〇年代以降の効率化の圧力が、そのポジティブ効果を取り去ってしまったことを述べた。したがって、これらの情報の交換を促進する仕掛けを人為的に用意する必要がある。その具体的手法については最終章で述べるとして、そのような仕掛けの背後にある社会科学の知見を紹介していく。

二者の社会的交換

ここで述べる知見は、社会心理学を中心とした社会科学分野で長年研究されてきたものである。そのため、議論は多少抽象的になるが、それが現実のビジネス場面に応用できることは後ほど詳しく述べる。ここではまず、そのための基礎概念を解説する。

社会的交換の最もシンプルな形は、二人で行う交換である。図3－2にその模式図が示されている。行為者Aと行為者Bがいて、それぞれが自分の持っている資源Aと資源Bを交換する。

いまこれを先のコンビニの例で考えてみる。行為者Aはジュースを買う客で、行為者Bは店（あるいは店員）である。そして行為者Aは一五〇円という資源Aを店に渡し、行為者Bはジュースという資源Bを客に渡す。このような交換は日常のいたるところに存在するため、私たちはなぜ交換が起こるかを忘れがちになってしまう。

本書で筆者らは、組織を基本的にこのような二者関係の集まりとみなして分析をしている。もちろん、一人の人は組織内の多数の人と二者関係を持っているし、相手が個人では

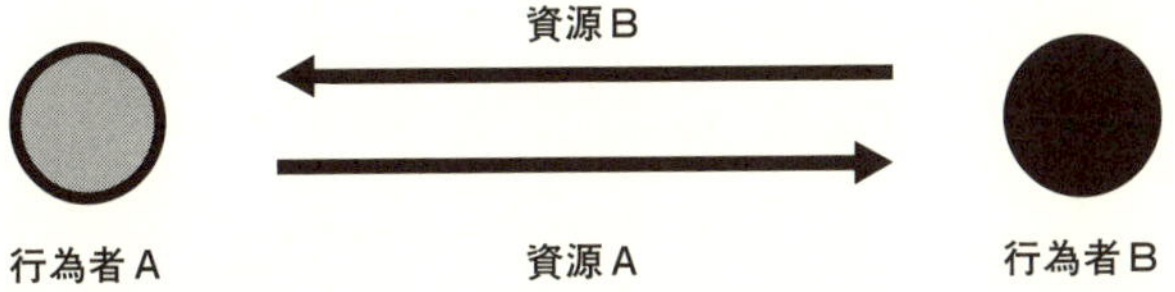

図3—2　二者による社会的交換

なく、組織そのものであるケースもある。このように考えると、組織の協力の問題とは、ダイナミックに変化するさまざまな社会的交換関係の中で、協力行動をとれるか、協力するという規範を共有できるか、という問題といえる。

交換が生じるために重要なのは、客がジュースを買うときには、現在持っている自分の資源の価値よりも、店からもらうジュースという資源の価値のほうが高いと思っていることだ。

たとえば、すごくのどが渇いている客の場合、その人は、自分の持っている一五〇円をそのまま持っているよりも、それを渡して水分を摂《と》ったほうが得だと（無意識にでも）思っているはずだ。だからこそ一五〇円を払うのである。のどが渇いていないときには払わない。そのときには、客は資源A（一五〇円）の価値よりも資源B（ジュース）の価値のほうが高いとは思っていないからだ。また同時に、コンビニのほうでも、店側がジュースを客に渡して一五〇円を得るほうがよいと思っている。このようにお互いがお互いの持っている資源を欲しがらないと、交換は起こりえない。

これは一見当たり前のことだが、結構見過ごされがちなことでもある。

たとえば、ある種の専門的能力は非常に個別性の高い資源であることが多い。そのような類《たぐい》の資源を相手が持っているとき、それが自分にとって価値があるか、または自分の持っている資源が相手にとって価値があるか、それを問う視点を、われわれはつい忘れてしまうことがある。ビジネスの例ならば、会社の持っている資源が社員にとって価値があるか、社員は会社にどのような価値のある資源を提供できるのか、こういった問いを常に持ち続けていることが重要である。

しかし、このような原理原則は、非常にシンプルであるがゆえに、実際の社会ではつい見落とされてしまいがちだ。

組織や企業の運営にあたって、社会的交換の考え方を思い出して、その観点に立ち戻って考えると、問題がはっきり見えてくることがある。そしてお互いに交換をすることが利益になるという仕掛けをどのようにつくることができるかを考えるのに役に立つはずである。

もう少しビジネス場面での具体的な例を述べよう。

部下と上司の関係を見てみる。上司は自分でコストを負って協力をしたり、たまにはしかりとばしたり、いろいろ面倒を見てやったり、個人的な相談にものったりして、部下に対する教育や配慮をする。部下はそういった上司に対して、忠誠心や尊敬の念を持ったり、ロールモデルとして自分がこの人をフォローしたいと思ったり、助けたいというふうに思い、それを実践する。そういったものも社会的交換といえるだろう。

理想的なケースでは、この上司からの教育によって、部下が質の高い労働という資源を会社に提供することができ、その上で、今度は会社から、上司・部下それぞれに昇進や昇給といった資源が提供される。すなわち社会的交換のレベルから、経済交換のレベルまで、さまざまな交換が波及していくようなポジティブ効果が起こる。

もちろん、このように事が運べば万々歳だが、逆に言うと、こういったプロセスのどこかが崩れると、他の交換もどんどんと崩れてしまう現象も起こりうる。前章で取り上げられた、日本の企業の現在の問題は、このような交換の不備によって起こっていると、筆者らは考えている。では、この交換の不備はどのように分析できるのだろうか。社会的交換研究について、もう少し述べよう。

裏切りの問題

交換が上手くなされない場合の最も重要な理由は、「交換しないことへの誘惑」、あるいは「裏切りの問題」と呼ばれるものである。図3—3を見ていただきたい。

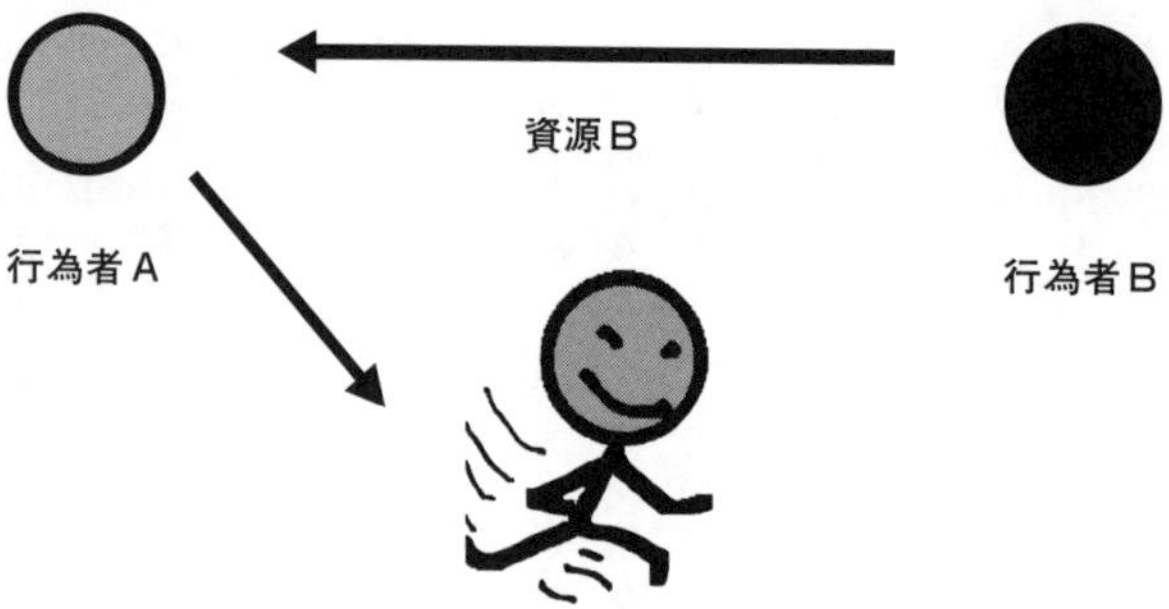

図3—3　裏切りの問題

いま、行為者Bから資源Bが渡されたとしたら、行為者Aは、本当はAという資源を行為者Bに渡すべきだが、相手からの資源をもらうだけもらって、自分の資源は与えない。

この図が示しているのは、このような、いわゆる「裏切りの問題」である。たとえば、犯罪、特に詐欺の類《たぐい》はすべてこのパターンといえる。相手からお金を巻き上げて、自分は何も渡さず逃げてしまう。万引きも同様だ。またネットオークションで粗悪品を売りつけてお金を巻き上げる手口も、程度の差こそあれ「裏切り」の一種といえるだろう。第二章で述べたフリーライド（ただ乗り）も、多くの人々が（資源を渡して）協力的に振る舞っている中で、自分だけ協力しないという、裏切りの一形態といえる。

このような裏切りの問題は、経済交換に関しては犯罪という形で、比較的簡単に理解できる。ビジネスにおける裏切りについては、多くの場合、契約の不履行や労働者の手抜きなど、経済交換の文脈で語られることが多い。

しかし、先に述べたように、組織は経済交換のみならず、さまざまな社会的交換から成り立っている。そのような社会的交換の裏切り問題についてはあまり考慮されることがないように思われる。その理由は先の例のように、資源の個別性が高かったり、単位や量について客観基準がなかったりするため、どうしても主観的な問題として捉えられる場合が多いためだ。

しかし、筆者らが現在問題にしているのは、組織内における社会的交換のレベルで、一九九〇年代に入るまではあまり起こらなかったような裏切りの問題が生じていることにある。本書の冒頭で見た、社内で誰が何をしているのかがまったくわからない、職場でコミュニケーションが取れない、助け合わない、という問題は、組織内で起こっていたさまざまな社会的交換が、いまでは行われなくなってしまったことを意味する。

その中でも典型といえるわかりやすい例を出そう。

会社が時間とコストをかけて教育した社員が、その教育結果を資源として別の会社に移ってしまうことがある。筆者らがアメリカに留学していたとき、ビジネススクールには多くの日本人が学んでいて、そのほとんどは、会社から給与をもらいつつＭＢＡのプログラムに参加している人たちだった。しかしＭＢＡのプログラムが終わると、彼らはすぐに会社を辞めて、別のもっと給与の高い会社に転職してしまう。ＭＢＡプログラムにいる間は、彼らは実質的には会社には貢献しておらず、会社が支払う学費や給与は、将来彼らが、より価値の高い資源を会社にもたらすための投資の意味合いが強い。しかし、プログラムが終了してすぐに退社することは、それまでの会社の投資をフイにしてしまう。この意味でこの行為は裏切りということになる。

それ以外にも、上司が仕事のスキルや自分の築いたコネクションなどを部下に教えた後、すぐに部下が会社を辞めて、そのコネクションを使って新しい仕事を始める、といった例も裏切りに相当するだろう。

裏切り問題解決に必要なこと

このような裏切りの問題を解決し、交換が円滑に行われるために必要なこととは何か。これまでの研究から得られた基礎知見をまとめてみよう。

①お互いに資源を持っていること

当たり前のことだが、交換に用いる資源を持っていない場合には交換はできない。例外として、たとえいま持っていなくても、それがある程度の期間を経て獲得できることもある。上司が一人前になるまで部下を育てたり、先のMBAの例はこれにあたる。

②お互いが資源をやり取りするのを最上と思うこと

この人やこの会社に資源を渡したい、協力したいなと思えること。さらに、この人(会社)が資源をくれるといいな、協力してくれるとうれしいなと思うこと。

現実の社会的交換で資源のやり取りを行うことは、そう簡単にはいかない場合も多い。たとえば、上司が個人的に行うにせよ、会社が組織的に行うにせよ、新入社員を教育するにはコストがかかる。また教育される部下のほうでも、教育を受けて学んでいくが、プライベートの約束を断って残業したり、しんどい仕事を請け負ったりと、いろいろなコストがかかる。

つまりお互い裏切らないで協力するには、それぞれがコストを負う必要がある。したがって協力は必ずしも楽なことではない。こうした協力を続けるためには、協力した甲斐があるな、とお互いに思うようになる必要があることは直感的に理解できるだろう。

「信頼」について

交換が行われるための条件として、ここまで述べたことは、当たり前と感じる読者も多いと思う。この二つが揃わないと交換が行われないことは自明だが、これらが揃ったところで交換が必ず行われるかというと、そうではない。すなわち、これまでのことは、交換が起こるための必要条件ではあっても十分条件ではない。

交換が行われるためには、もう一つ重要な要因がある。それが「信頼」である。信頼とは簡単に言えば、「コストがかかるのにもかかわらず相手が協力してくれるだろう（資源を渡してくれるだろう）という期待」である。お互いが資源をやり取りする意思があったとしても、「相手も自分同様に資源を渡し合いたいと思っている」と思えなければ——相手を信頼できなければ——、交換は成り立たない。

ここで言う信頼とは、相手が協力してくれるだろうという期待を意味する。そして、この期待にも大きく分けて二つの種類がある。能力への信頼と意図への信頼である。この二つの信頼を区別することは、組織マネジメントにおいて非常に重要であると筆者らは考えている。

能力への信頼と意図への信頼

たとえば、あなたがふぐを食べに行ったと考えてみよう。ふぐには猛毒があるが、和食屋さんでは、ふぐを安全に調理する資格を持った板前さんが、客に料理を提供してくれる。このとき、ふぐという資源をもらった客は料金を支払うことで交換を行っている。

だが、ここで客がふぐを安心して食べられるのはなぜだろうか。それは客が板前さんに対し二種類の信頼を持っているからだ。

一つ目は、板前さんはふぐを安全に調理する能力を持っているだろうという信頼、すなわち「能力への信頼」である。社会的交換理論の観点では、板前さんには「ふぐを安全に調理する能力」という資源があり、その資源を客が受け取っていると考えられる。このように能力への信頼とは、相手の資源の価値や量に対する信頼である。

会社での社員採用の際、「即戦力となる人材が欲しい」という声を聞くことがある。即戦力となる人材とは、会社にとって有益な価値の資源をすでに持っている人物であることを意味する。しかしたいていは、そのような人物は、(特に新卒では)見つかりにくく、資源を提供できるように「教育」をする場合が多い。ここでいう教育は、先に述べたように、目に見える仕事上のスキルだけではなく、人間関係（コネクション）の形成や、形には見えない仕事上の暗黙知の継承なども含まれる。そのような資源を持たない人は、能力への信頼を得ることができない。

人間的にいかに善良で優れた人であっても、社会的交換に必要な資源を持たなければ、それは「協力することができない」という意味で交換相手として選ばれなくなってしまう。このようなことを避けるために、能力を育てるためのさまざまな工夫が企業では行われている。

しかしここでまた別の問題が生じる。それは、企業の側が、社会的交換に必要な能力を育てることの重要性をきちんと語らないままに教育をしようとすると、学ぶ側はやる気を失ってしまう場合が多いことである。先ほど述べたように、これ自体、また別の社会的交換となっており、教える側にも教えられる側にもコストがかかる。したがって、そのようなコストを負ってまで、なぜ教え、なぜ教えられるのか、その意義を双方が理解しなくてはならない。本来、アカウンタビリティ(説明責任)と呼ばれるものは、このような意義を理解させるために必要なものなのではないだろうか。

そしてそのような「能力を育てる」際に最も重要なのは、次に述べる「意図への信頼」である。

話をふぐ屋の例に戻そう。私たちがおいしくふぐを食べられるために必要なもう一つの信頼は、「板前は自分にわざと毒を盛ったりしない」という意図への信頼である。もちろんふだん私たちは店でふぐを食べる際に、意識的にそんなことを考えたりはしないだろう。しかし、そこの板前さんが自分を個人的に恨んでいるかもしれない人であったならどうだろうか。このときには板前さんの意図への信頼がどの程度あるかが重要になるだろう。

多くの場合、意図への信頼の問題は、能力への信頼の問題よりも複雑である。いかに能力があって資源を持っている人がいても、その人物が資源を渡そうと思っているかを読むことは、なかなか難しいからだ。能力を育てるために、企業や上司が部下や後輩に教育する場合、上司にも部下にも、相手が自分（あるいは組織）のためにやってくれているのだという意図への信頼がなければ、効率は上がらないだろう。この意味で、能力への信頼を得るためのプロセスにおいて、意図への信頼が重要となるのである。

これら二つの信頼を区別しておくことは重要だ。

たとえば誰かが自分や組織のために協力してくれなかった場合、それが意図の問題なのか、能力の問題なのか、これをしっかり区別しないと、問題をますます複雑にしてしまう危険がある。

たとえば、部下が仕事上で何か失敗をしてしまい、協力できなかった場合、すなわち会社に対して資源を提供できなかった場合を考えてみよう。

もし、部下は頑張ったのだが運が悪かった、あるいは実力が及ばなかった、という場合、それは能力の問題となる。その場合には、もう一度チャンスを与えたり、足りない能力を伸ばしてやったりという措置が必要になる。能力が問題の場合、重要になるのは、その能力をどうやってつけさせるか、またその能力をつけなくてはいけないという動機をどのように持たせるかという、社員教育に関わる問題につながる。そして能力をつけた上で、「能力への信頼」を獲得する必要がある。

一方、意図の問題は、部下がわざと手を抜いて失敗してしまい、そもそも頑張る気など無いといったケースになる。この場合には、なぜ部下がそのような意図を持つに至ったかを調べなくてはならない。それがもし部下自身の人間性が原因ならば、その部下はこれからも手を抜く確率が高いだろう。その際には、その部下の考え方そのものを改めさせるか、それができなければ仕事から外すことを決断しなくてはならないこともある。

あるいはもう少し複雑な場合も考えられる。それは部下の側が、会社や上司の能力や意図、あるいは両方を信頼しておらず、その不信の結果としてわざと手を抜いたケースである。これは不信が不信を招く例で、信頼構築の難しさを端的に示すものである。このことは多くの社会心理学実験でわかっている。このとき、もっとも重要となるのは「不信の連鎖」を防ぐことである。多くの場合、この連鎖はコミュニケーションの不全による誤解に端を発する。したがって誤解されないようなコミュニケーションや、誤解が生じた際のすばやい対応が重要だ。その具体的な方策は次章以降で述べる。

いずれにせよ、このような判断をするためには、部下の能力と意図を把握する必要がある。しかしコミュニケーションの取れない職場では、そういったことは難しい。たとえば、部下には最大限協力する意図があったとしても、失敗した際に上司が、「お前がわざと手抜きしているからだ」というふうに考えてしまったら、部下は協力する意図さえなくし、新たな不信の連鎖を招いてしまうかもしれない。

信頼し合うための基礎をつくるには

信頼と社会的交換の関係について、ここまで述べてきたことをまとめると、次の四種類の交換阻害要因が浮かび上がってくる。

①搾取するつもりがある、本人がそういう「悪い人」である場合
②搾取されてしまうかもしれない恐れを持っている場合
③資源を渡すために必要な能力を育てようとする動機が育てる側にない場合
④能力を伸ばそうとする動機が教わる側にない場合

以上は、特に組織内での人材育成とビジネス上の交換について述べたものだが、この四つの問題をしっかりクリアし、交換を円滑に運ぶ必要がある。そのためにはどうするべきなのか。

社会的交換という観点からは論じられなかったものの、いままでこの問題がビジネスで論じられてこなかったわけではない。問題自体はかなり前から認識されている。

しかし、それに対してとられた主な対処法は「個人のコミュニケーション能力を上げる」という点に限定されてきた。マネジメント上の対人関係スキルを磨くためにはどうするべきか、といった問題設定がなされ、多くのビジネスセミナーではそのための知識や実践知を重視している。筆者らもこの問題設定と解決法そのものを無駄だとは思わないし、むしろ、先ほどから述べている協力／裏切りの問題解決のためには必要であると考えている。しかし、必要ではあっても十分ではない。これだけでは問題は解けないと考えている。

重要なのは、自分が協力する意図と自分に協力してもらうニーズを、周りのみんなにわかってもらうための方策を皆で実践することである。交換のために、どのような資源を自分が提供できるのか、どのような資源が必要なのか。この点を自分だけが認識するのではなく、職場全体で共有しなくてはならない。その中には、相手が協力してくれるだろう、とお互いが思える信頼の共有も含まれる。職場ではよくあることだが、たとえ何かアクシデントがあって、協力できなくとも、それで信頼をすぐに失うようなことにならないだけの規範を、個人だけではなく職場全体が持たなくてはならない。

これを実践するために必要なのは、「集団的なコミュニケーションの促進」である。第二章で紹介した、役割構造・評判情報・インセンティブというフレームワークから考えることは、集団的コミュニケーションを促進するための制度や方策を導くのに有効である。

次章では、実際のケースをあげ、具体的な方策としてどのような取り組みが可能かを紹介していく。

第四章　協力し合う組織に学ぶ

前章では、協力すること、支援することが、心理的にさまざまな壁があり、多くの誤解や行き違いが、協力行動を阻害してしまうことを学んできた。

では、どうすれば、こうした障壁を越えて、協力し合う組織に変えていくことができるのだろうか。ここでは、三つの事例を見ていきながら、協力し合う組織に学んでいこうと思う。

まず創造性を発揮するためのグローバルレベルでの協力行動を生み出す仕掛け、仕組みをつくりだしている事例として、グーグルの事例を取り上げる。見るにあたっては、第二章で使用した、役割構造、評判情報、インセンティブ、というフレームワークを用いる。

その後、情報共有の例としてリイバーエージェントを、インセンティブの事例としてヨリタ歯科クリニックを取り上げる。

1　グーグル

創造性発揮の仕掛け

社内協力行動のモデルとしてグーグルを取り上げる理由は、グーグルは組織というものを創造性を生み出し高める基盤と考え、社員間の相互影響（インタラクション）や協力行動を発生させるものと考えているからである。

グーグルは説明の必要がないほど有名な会社であるが、その組織運営については意外と知られてはいない。

筆者らも今回の執筆に際し、グーグル日本法人への取材により、世界で最もクリエイティブと言われる組織の秘密を垣間《かいまみ》見られたのではないかと考えている。

グーグルは一九九八年九月にラリー・ペイジとサーゲイ・ブリンという若者二人によって共同設立された会社である。それ以来拡大を続け、いまでは世界中に五〇〇〇人以上の従業員を擁するテクノロジー・プロフェッショナルの集団となっている。次々と新しいサービスや技術を生み出すその組織は、ある種のグーグル脅威論をも生み出すレベルの存在感となっている。

まだ創業から一〇年ほどであり、その評価は時機尚早という声もあるかもしれない。

しかし、ITという技術の進歩が格段に速い世界でこれほどの存在感を一定期間、示しているという事実が、この会社の「すごさ」を示していると言えよう（ネットスケープをはじめとする会社が次々と消えていったのは記憶に新しい）。

グーグルという会社の「すごさ」は次々と生まれる新しいサービスや技術である。これらを生み出すクリエイティビティの源泉は何なのか。

断言を許していただけるなら、その源泉はビジネスの世界に、スタンフォードを代表とする研究室やネットの世界の持つ創造的環境を「そのまま」持ち込んだ点にある。

ただし、この創造的環境を持ち込み、維持するのは言葉でいうほど容易ではない。なぜなら創造的組織は資本市場やカネの原理と必ずしも相容《あいい》れない。いやむしろ、カネの圧力に負け、徐々に創造性を失うのが大方の会社のありようであった。

グーグルもこの点において、単純にはいかないようである。創造的環境を持ち込み維持するために、株式構造のあり方から、創業者とCEO（最高経営責任者）の関係などさまざまな面での取り組みを行っている。

これらの取り組みの背景にあるのが、創業者二人の持つ「創造的環境へのこだわり」であり、それは「管理」や「オカネ」を信じるよりも、人間の協働や相互に影響を与え合う行動の結果生まれるものを信じたいという思いではないかと、筆者は考えている。

今回は特に、組織や人材マネジメントという観点からグーグルという会社を見てみたい。人が相互に影響を与えつつ、協働する仕掛けを世界レベルで考え抜くということはこのようなこと、という点で参考になろう。

タコツボ化を防ぐ構造づくり

グーグルの組織構造を一言でいうと、グローバル&フラットな組織である。日本だけで完結するようなテーマはなく、基本的にプロジェクトは世界中の社員が自由に共同作業できるよう、グローバルに運営されている。

組織階層は極めてフラットであり、たとえば今回インタビューした日本の広報の責任者は、グローバルの広報責任者に直結している。このように組織階層が極めて少ないのが特徴である。

個々のエンジニアはそれぞれのプロジェクトに参加しているが、そのプロジェクトは流動的である。その時々のテーマでプロジェクトが立ち上がり、終わると消えてゆくというイメージであろう。

このように流動的な組織のため、役割が固定化してしまうことによる「タコツボ化」は構造的には発生しにくい状態といえるであろう。常に、関わる仕事や役割が変化する環境に置かれるためである。

ただし、エンジニアという職種ゆえの問題はある。

エンジニアは専門性が明らかであり自分の興味分野を深く深く追究してゆく特性を持っ

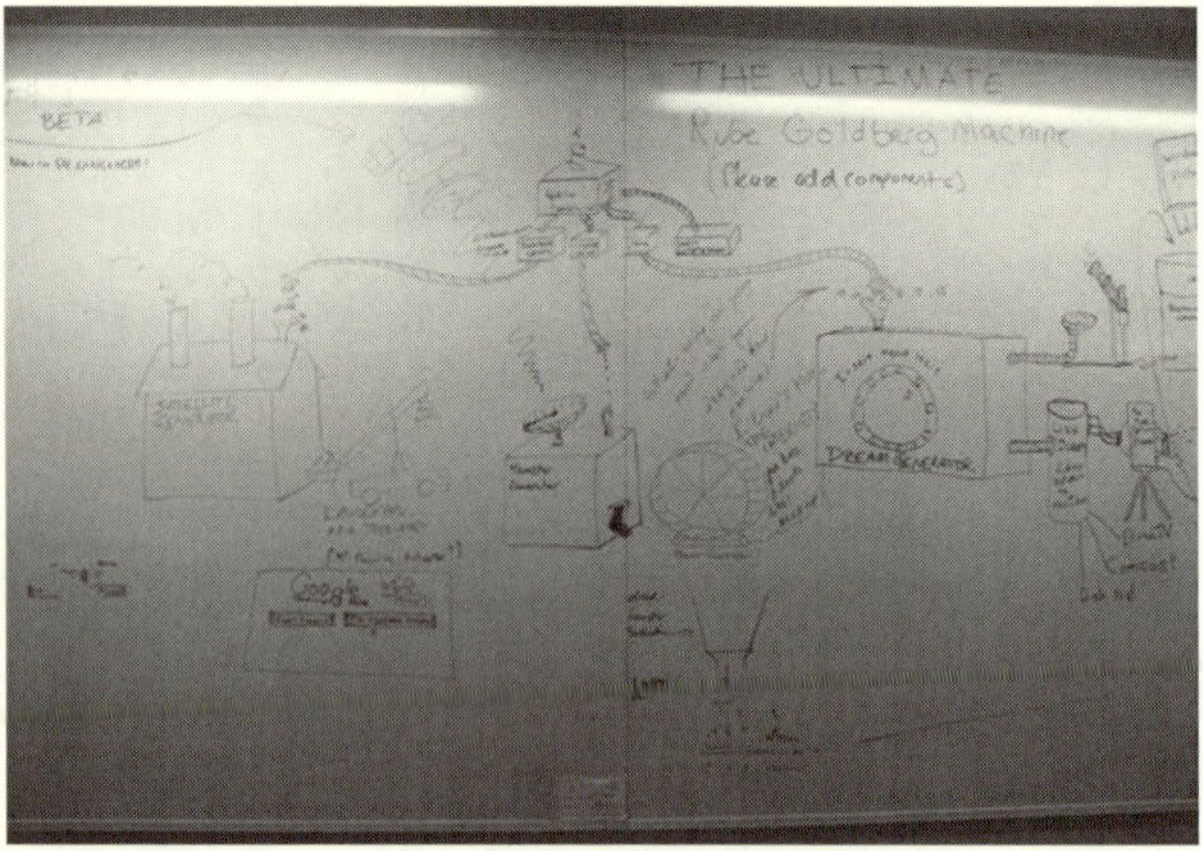

廊下のところどころに設置されているホワイトボード、誰でも自由に書き込みができる（米本社）

趣向が凝らされたミーティングルーム、写真はスポンジ素材でできている部屋（米本社）

写真提供：２点とも遠竹智寿子／ASCII.jp

ている。そのため職種的にはタコツボ化しやすい傾向があるといえよう。放っておくと、組織のここかしこで、周囲を見ずに自分の関心だけを追究する「タコツボ」エンジニアが生まれるリスクを抱えている。

グーグルでは、エンジニアのそのような職種特性からの組織リスクをどう回避しているのであろうか。

彼らは、まず人材の調達＝採用において、上記の問題を発生させないよう手立てを打っているようである。

グーグルでは、採用の際に二〇人近くの人が候補者と面接するという。その際に重視するのが、スキルはもちろんのこと、他のグーグルの人と一緒に働けるか（＝コワークができる人かどうか）という点と、その人が自分で動ける人か（＝セルフスターターかどうか）という点だという。

この人材調達の観点はグーグルの組織環境に合ったものとなっていると思われる。

グーグルの組織は前述したように、グローバルかつ流動的である。このような組織を維持し機能させるためには、常に個々の人材が自分で動き、ほかのどのようなメンバーとも働けるという条件が必要となる。指示を待つような人やセルフマネジメントができない人を抱えていては、このような組織の運営はできない。セルフスターター＆コワークができる人材が揃うことで、グローバルでかつ流動的な組織は本格的に機能するのであろう。

このセルフスターター&コワークができる人材というのは、タコツボ化せずに自ら発信し働きかけのできる人材である。逆の人材が会社に入るとどうなるであろうか。

容易に想像できるように、組織が流動的であるために取り残され、自らの枠に閉じこもってしまう可能性が高い。そのリスク発生を採用段階で抑えているわけだ。

さらに、アイデアを一人で抱えることを許さない仕組みをつくっていることも注目に値する(タコツボ化する人は自分のアイデアを持ってどんどんタコツボの奥に入ってしまうものである)。

グーグルではアイデアを生むことを奨励する一方、そのアイデアを皆に披露することも同じように重要視している。創造的組織が、個々人の創造性のみに依存するだけでなく、人と人とのインタラクションに重きを置き、アイデアの客観性のテスト、成熟を試みている。

社内でのアイデアサイトに自らの考えをアップし、他の人がレビューし意見することを奨励する。タコツボの中に入り、エンジニアが自己満足に溺れることを防いでいるのだ。

このように、グーグルではタコツボの発生を人材調達面、組織運営面で抑えることにより、そのリスクを回避しているといえよう。

評判情報の共有

グーグルは情報検索をコア能力とする会社である。そのような会社における人の評判情報の共有はどのような形となっているのであろうか。

ここに象徴的な話がある。

グーグルはかつての日本企業と同じように、つい最近まで「社員旅行」を行っていたそうである。研究室時代から続いていた取り組みだそうだが、「全社」(世界という意味の全社)でスキー旅行に行っていたそうである。どのくらいの人数まで世界の従業員が一緒に行けるかと試したところ、三五〇〇人まで一緒に行けたそうである。

またグーグルでは社内に種々のゲームが置かれている。面白いゲームには人があらゆる部署から集《つど》い、興じる。

この例が象徴するように、グーグルでは人と人の出会い、交流、結びつきを重要視している。

人と人が出会うことで、お互い刺激を受け、それが創造性の源となる。

人と人が出会うことが、協働を進める上でのベースとなる。

また、他の取り組みとしては、オフィス環境の作り方も人と人の交流を促すものとなっ

社内のさまざまな場所にゲームが置かれている（米本社）

ここで仕事をしたり、雑談したりできる（米本社）

写真提供：２点とも遠竹智寿子／ASCII.jp

ている。

まず、個室をつくらない。日本法人では社長もオープンな場所に自分の机があるという。物理的な壁をつくらないということであろう。

この効果は意外と大きい。常にお互いが見える環境であるということは、相手が何をしているか様子がわかるということである。この情報は暗黙的ではあるものの、評判情報の共有において大きな位置を占める。

さらに、グーグルでは数多くのメーリングリストが存在するという。オフィシャルな仕事やプロジェクトのものから同じ技術コミュニティ、さらには昼トモ（お昼を一緒に食べる友達ネットワークのこと）に至るまで、多種多様なコミュニティがメールを通じて存在している。

こうした多様なコミュニティは、「あの人がこのような技術を持っている」「あの人はこのようなことに興味があるらしい」などなど、さまざまな評判情報を流通させていると考えられる。

人は多様な面を持っており、公式な情報共有システムに載る情報はその人のほんの一部にすぎない。多様な評判情報をすくいあげ、流通させることで人間関係はより立体的になり、それは当然チームで仕事をする上でプラスに働く。

このような評判情報共有の場をリアル、バーチャルな場でつくりあげているのである。

シンプルなインセンティブ構造

グーグルにおけるインセンティブ構造は、比較的シンプルである。創業者が組織運営のモデルにしているのは、彼らがスタンフォード時代に過ごした研究室である。彼らが目指しているのは、エンジニアが快適に働ける場の実現と、技術で世の中をよくしようという理念である。

グーグルに入りたいと考えるエンジニアは、彼らの提示する理念に共感して入社してくる。その彼らに働くインセンティブとは次のような形であろうと想像できる。

働きやすい環境、世界でもトップ水準の仲間、お互いが認知される風土、これらがエンジニアにとっての価値ある報酬となっている。この報酬は、グーグルという場そのものが提供するものである。この報酬を永続的に受け取るためには、グーグルという会社を永続的に存続させることである。それを本能的にわかっている彼らは、寝食を忘れて仕事に没頭する。没頭できることが彼らにとっての報酬であり、かつその報酬を将来にもわたって保障するものとなっているのだ。

それでは、このインセンティブ構造を働かせるための経営者の取り組みはどのようなものであろうか。

グーグルの経営者は、自らの重要な仕事の一つは環境のデザインだと言っているそうである。それはどのようなものであろうか。

第一には、仕事環境のデザインである。これは先に触れた物理的な職場環境ではなく、仕事の評価の仕組みや認知の仕組みの環境という意味である。

グーグルでは、前述したようにアイデアを思いついた人がそのアイデアをサイトにアップし、それに対し世界中の仲間がコメントを付与するという仕組みがある。自分のアイデアを披露する場があり、よいアイデアであれば世界中から認知され賞賛される。自分の技術にこだわりを持ったエンジニアであれば、認知されることは最大の報酬であろう。認知されることを目標に、世界中のエンジニアが切磋琢磨《せっさたくま》しているのである。

経営者はこの環境デザインを行うことにより、企業としての競争力を高めると同時に、エンジニアにとっての本質的な喜びをデザインしていると思われる。

第二は、価値観の徹底である。

グーグルにおいては、フラット（上下関係のなさ）、リスペクト（相互尊重）、フェア（公平、公正）という価値観を重要と考えているという。この価値観を組織の中に徹底することで、エンジニアが働く意欲の湧く環境をつくっているといえよう。

よいアイデアの前には、年齢や経験などは関係ないというフラットさ。

お互いのアイデアや技術をリスペクトする風土。

フェアな評価。

これらを徹底することが、エンジニアが真っ当に認知され評価される環境をつくっているのである。これは、エンジニアの動機づけを考える上で重要である。いくらよい仕事をしてもフェアに評価をされないと考えてしまうような環境では、いくら魅力的な処遇を行っても動機は高まらない。

「公平さを会社として真摯《しんし》に追求します」という姿勢を見せてはじめて、仕事への動機が高まるのだ。

第三は、公私混同の職場環境のデザインである。

通常の会社では、会社は仕事をする場ということで、プライベートと切り分けるのが普通である。

グーグルはそうではない。

グーグルでの仕事はグローバルに連結しているため、大げさに言えば二十四時間オンの状態なのである。このような状態では、公と私が混じらざるを得ない。いやむしろ、積極的に公私混同状態を奨励し、仕事と生活（大げさを承知でいうと、人生）を一体化することで各人の持っている能力をフルに発揮させようとしているのではないだろうか。

インタビューしたグーグル広報担当者は、

「グーグルは、昔の日本の会社のようですよ」

と語っていたが、このような環境に置かれた人々はどのように行動するのであろうか。

かつての日本の会社も、異なる形ではあるが公私一体モデルであった。会社と個々の人生が長期雇用というシステムで一体となっており、会社を危険にさらすことが自分の人生を危険にさらすことになった。そのため、会社を危険にさらすような手の抜き方を行わなかった。

グーグルはこの日本企業の一体モデルとは形は異なるが、その底辺に動いている力学は似たものとなっていると考えられる。

上記したような公私混同モデルをとることにより、会社と個人の一体感はより進む。それが日本のような長期的な雇用関係を前提としていなくとも、その時々での一体感は従来の日本の企業よりも濃い可能性がある。この会社との一体感が、同僚に対するリスペクトや協力行動をより強化しているのだ。

以上、述べてきたように、グーグルはクリエイティブな組織にするためのさまざまな取り組みを行っている。

これらの取り組みは果たしてあなたの目にどう映るであろうか。

グーグルはやはり特殊なのであろうか。

それとも、人と人が協働する会社として愚直ともいえる取り組みを行っていると映るであろうか。

私たちが置き忘れてきてしまったことをグーグルは思い出させてくれるのではないだろうか。

2　サイバーエージェント

イキイキと働ける会社づくり

次に、「評判情報の共有」に力を入れることで、一人ひとりをクローズアップする、お互いをよく知るための仕掛け、仕組みを構築しながら、自然と協力し合える関係を生み出し、進化させている企業の事例を見ていこう。

ご存知の方も多いと思うが、インターネット広告という新たな分野を開拓したサイバーエージェントについて見ていく。

彼らが注目されているのは、単にインターネットの世界で新たなビジネスモデルを提示したということだけではない。Great Place to Work® Institute Japanによる「働きがいのある会社」リスティング調査において、日本における「働きがいのある会社」ベスト二〇社にも選定される企業になっているという点である。事業だけでなく、組織を元気にする経営を実践している数少ない企業の一つである。

現在の彼らの事業は、インターネットメディア事業、インターネット広告代理事業、投資育成事業の三つに分けられる。ここに至るまでに、彼らは高収益なビジネスモデルの確立を目指し、インターネット上でのプロモーション企画立案・広告販売を行うインターネット広告代理事業を展開しながら、自社でインターネットメディアを立ち上げ、新規事業への投資を続けてきた。

しかし、これらの事業が軌道に乗るのは、そう簡単なことではなく、二〇〇四年まで黒字化できていない状況だった。そんな中、二〇〇〇年にＩＴバブルが崩壊。その直前に東証マザーズへの上場を果たしていたサイバーエージェントも、株価が低迷、黒字化できていない状況であったためにネガティブな評判が市場に流れた。将来への不安感が高まり、ＩＴバブル時に入社した人材が次々と流出した。

こうした中で、本当に若い社員たちが魅力を感じて集まってくれる企業づくりへの転換が始まった。その中核的役割を担ってきたのが、二〇〇三年に始まったバージョンアップ委員会である。これは毎週火曜日朝七時半から九時、役員や人事本部長・事業責任者を含め七名が参加する社内活性化のための委員会であり、その都度、現場との対話を繰り返しながら、社員が元気になる仕組みの検討、周知徹底の方法などが話し合われてきた。この委員会はいまも続いている。

自分たちが、自分たちの手でイキイキと働ける会社をつくろう。そのために知恵を持ち寄り、検証し、徹底的に現場と対話する。

そうした会社の姿勢から、大きな変化が起こっていった。こうした活動から生み出された、サイバーエージェント流の人づくり、組織が元気になる仕掛けについて、大きく四つに分類しながら紹介していきたいと思う。

第一の仕掛け　自分たちの会社に自信を持ちたい

人が流出してしまうのは、自分たちの思いが共有されていないからだ。そう考え、最初に手がけたのが、ビジョンの提起である。

「二一世紀を代表する会社を創る」

ある意味、抽象的だけれども、大きなビジョンを掲げた。事業展開だけでなく、会社づくりそのもので、二一世紀の最先端をいく。そんな思いを共有することから始めた。採用するときに、このビジョンに共感できることを最優先しているという。この言葉を聴いて、自分の思いと重ね合わせて、目指したい姿を語り合い、一緒にそんな会社をつくっていこうという気持ちを持っている人を仲間にしていきたいのだという。

次に提起したのが、「マキシムズ」という行動規範である。サイバーエージェントの原点ともいえるベンチャースピリットをいつまでも堅持し続けるために、自分たちが持ち続けたい行動原理を掲げた。この原点にいつでも帰れるように、豆辞典のような大きさの冊子にして、全社員に配った。

さらに、経営的観点から、自分たちの戦い方、流儀を次のようなミッションステートメントとしてまとめた。

「インターネットという成長産業から軸足はぶらさない。ただし連動する分野にはどんどん参入していく。『チーム・サイバーエージェント』の意識を忘れない。採用には全力をつくす。有能な社員が長期にわたって働き続けられる環境を実現。若手の台頭を喜ぶ組織で、年功序列は禁止。法令順守を徹底したモラルの高い会社に。ライブドア事件を忘れるな。世界に通用するインターネットサービスを開発し、グローバル企業になる。」

トイレ内の鏡に映るミッションステートメント

　これはビジョンを、社員がともに目指すための基本ルールとして明文化したもので、社員から出てきたキーワードをみんなにわかりやすい言葉で、直接的に表現している。あえて、ライブドア事件にも触れているが、これは自分たちが本当に誇れる会社をつくりたいという強い意志を共有したかったのだという。

　面白いのはこのステートメントをトイレの中に掲げていることである。しかも、トイレの鏡を見ると、その鏡にこの文章が映し出されている。後ろを振り返ると、逆さまになった文字が刻まれている。なぜ、トイレなのか。鏡を見て自分を見つめる、その瞬間に絶えず、ミッションステートメントを意識しなおす。そうした繰り返しが、本当の理解に通じると考えたからである。

すべての社員にこの会社にコミットするんだという意識を持って欲しい。何のためにこの場に集まってきたのか、ここで自分たちはどんな生き方をしていくのか。そういった会社という場、働くということへの意味づけをまず、きちんと行い、徹底した共有を図ること。これが最初に、彼らが力を入れたことである。

第二の仕掛け　お互いをよく知る、自分を知ってもらう

社内でブログ・マネジメント、ブログ・リーダーシップという言葉があるという。役員をはじめ、多くの中核社員は、自主的にブログを立ち上げている。ある意味、マネジメントを行うものはブログを立ち上げるのが、一種の義務であるとも考えられているという。なぜ、ブログが必須なのか。実際に事業でもアメーバブログというサイトを立ち上げているということもあるが、ブログという手段がその人の考え方や感じ方、価値観を知ってもらう、大切な手段であると考えているからだ。

藤田晋社長が自ら立ち上げている「渋谷ではたらく社長のアメブロ」というサイトをぜひ見ていただきたい。社内、社外で起こった日々の出来事が、本当にリアルに記載されている。面白いのは、その出来事を通じて、何を感じたかというコメントである。時にちょっとコミカルに、自分のことを書いていたり、時に人をマネジメントする際の自分の考え

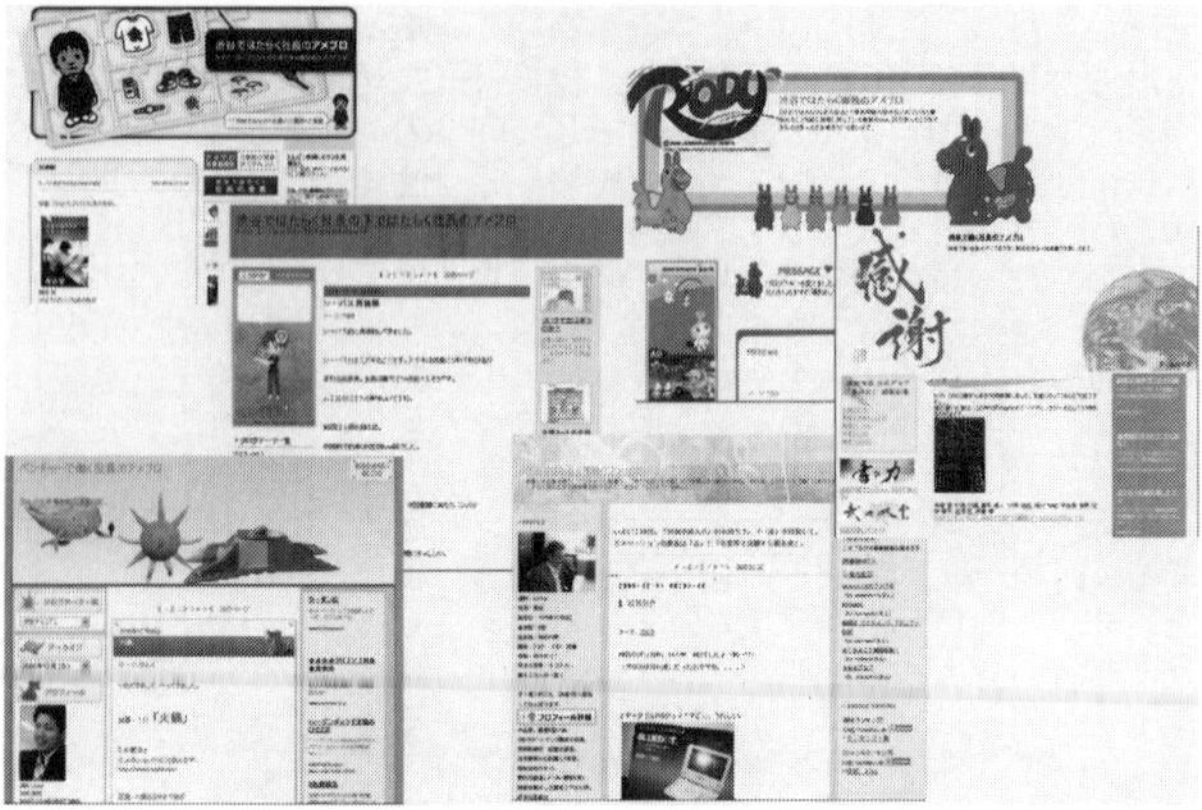

サイバーエージェント役員のブログ

方などが記載されている。社内の人間は、日々の出来事をリアルに感じられると同時に、社長をはじめとする役員、マネジメントクラスの人たちの考え方、人柄に触れていく中で、彼らを自然と身近に感じ、理解していく。

ブログ自体が面白いということもあるが、本当に等身大の姿をトップ自ら見せているということが、社員との信頼関係を築く、重要なツールになっていると言える。

同時に、ブログの活用は採用においても、絶大な効果をあげているという。大手企業になればなるほど、社長がどんな人か、役員クラスがどんな人かを知る機会がないまま、内定、就職となってしまう。運良く、就職説明会に社長が出てきて、大きなビジョンや若手社員への期待を語ってくれたとしても、社員に普段どんなふうに接しているのか、日々どんなことを感じ、どんな生き方をしているのかを知ることは、ほとんどの場合できない。

だからこそ、社長や役員といった経営陣の人となりを知ることができる、感じることができることは、就職を考える若者たちにとっては、新鮮であり、素直に共感できる。応募してくる大学生の多くが、このブログを読んで、共感して応募してくるという。それだけ、彼らの気持ちに届くものがあるということだ。

お互いを知る、自分を知ってもらう。そうした取り組みは、このブログ・マネジメントだけではない。

採用ホームページを見ると、「100words」、「55works」という社員や仕事を紹介するページがある。驚くのは、その紹介している社員の数である。社員の紹介ページには、一〇〇人の社員の顔写真が、さらに仕事紹介のページにも五五人もの社員の顔写真が掲載されている。一人ひとりの情報はそれほど多くない。特に前者は、名前や部署名の他には、「CyberAgentで実現させたいことは何ですか?」「あなたの夢は何ですか?」「あなたは何のために一生懸命になりますか?」といった質問についての回答が、一人一コメント掲載してあるだけである。でもその一つひとつのコメントや写真の表情から、本当にイキイキした一〇〇人、五五人もの社員の姿が伝わってくる。

イントラネット社内報

人事本部長の曽山哲人さんは、「できるだけ多くの社員を紹介したい。こんなに素晴らしい仲間が数多くいることを伝えたい。一人ひとりを見てもらいたい」と語ってくれた。お互いを知ろうということ、自分を知ってもらおうという考え方は、こうした採用のホームページづくりにも、反映されている。

もう一つ、お互いを知るために重要なツールになっているものがある。それは、社内用のホームページ、イントラネットで公開されている社内報である。

有志で作成しているこの「社内報 CyBar」の目玉コーナーが、「私の履歴書」である。毎回、社員自らが、自分の生い立ち、幼少期や学生時代の思い出、過去に夢中になってやってきたこと、会社に入ってやった仕事、それを通して感じたことなどを寄せている。

出身地や出身大学が同じだった、学生時代にやっていたスポーツが同じだった、いろいろな共通点が、お互いのコミュニケーションのきっかけになっていく。お互いの育ってきた背景や会社にかける思いを知ることで、他部署の人のことも知っていく。そんなツールになっているという。

この他にも、「わたしは、あなたの、おかげです。」「ONとOFF」「本モノ」「私の自慢」など、さまざまなコーナーがあり、お互いに自分の紹介したいことを伝え合ったり、自分自身を知ってもらう機会が、たくさん設けられている。

経営陣と社員、部署を超えた社員同士が、その人たちの人となりを知ることは、通常はかなり難しい。直接話ができ、一緒に飲みに行ったり、いろいろな体験を共有することができれば、それに越したことはない。しかし、一六〇〇人もの社員を抱える企業の中では、そうした直接的なコミュニケーションができる人数は、限られてしまう。だからこそ、一人ひとりをクローズアップし、その人の背景や価値観、考え方を知ってもらう活動が重要になる。どこにどんな人が働いているのかをお互いに知ること、お互いに関心を持つこと、自分を知ってもらいたいと思うこと。そうした姿勢を組織全体が持つことが、社員間の日常のコミュニケーションにも大きな影響を与えているという。

第三の仕掛け　会社の成長と個人の成長を重ねる

武石幸之助さんは、入社した翌年に応募した新規事業プランコンテストで入賞し、その事業の責任者としてブログアクセサリー事業を立ち上げた。その翌年には、動画投稿サービス「アメーバビジョン」の事業運営に参加、現在はこのアメーバ事業本部のジェネラルマネージャーを務める。

サイバーエージェントの原動力、活力の源泉は、こうした入社間もない人も、事業アイデアが認められれば、事業責任者になり、チームをリードする存在になれるところにもある。

事業と人材を育成するためのプログラムはCAJJプログラムと呼ばれる。サイバーエージェント（CA）、ジギョつく（J）、ジンつく（J）プログラムという意味である。ジギョつくとは事業をつくる、ジンつくとは人材をつくる、すなわち事業育成、人材育成の仕組みである。社内公募による新規事業プランコンテストが行われ、先ほどの武石さんのように、優秀者は事業責任者に抜擢《ばってき》される。立ち上げ後は、サッカーのJリーグになぞらえて、利益指標をクリアするごとにJ3からJ2、J1へと昇格していく。

こうした社内ベンチャーの仕組みは珍しいことではない。ただ、面白いのは、事業づくりと人づくりをセットで考えている点だ。

人づくりという視点では、さらに二つの取り組みが行われている。

一つは、優秀人材の早期選抜を目的とした、「CAバンヅケ制度」である。自薦他薦による優秀人材を見つけ出し、可視化する仕組みだ。特に、上司ができる人であるほど、その上司が壁になって昇格できない人たちを、早く昇格させて成長の機会を与えたいという趣旨で、つくられた制度である。自薦の他に、上司推薦枠があるが、他部署の社員を推薦してもよい。単に業績をあげているからではなく、品格や人間性なども考慮して選定しており、結果として、目立った業績があがっていなくても、周囲から信頼されている人、静かなリーダーシップを発揮している人がリストアップされ、実際に昇格しているという。最終的には経営層や人事担当者からなる「ヨコヅナ審議委員会」で、昇格者を決定する。できるだけ早くチャレンジの機会を与えると同時に、本当に周囲の人たちがついていきたいと認める人が昇格できる仕組みになっている。

もちろん、こうした自薦他薦に選ばれなくても、社内でチャレンジをする仕組みはある。それが「キャリチャレ」（キャリアチャレンジ）という仕組みだ。

社内異動を活性化させることに主眼が置かれ、上司にわからない形で社内異動を希望することができる。それも、「すぐ」とか、「半年後以降」など異動の時期が選べるのも特徴だ。半年ごとに実施され、毎回一〇名前後が異動しているが、この仕組みは「活躍している人材」だけが対象になる。活躍している人ほど、現状に満足せず、チャレンジして欲しいという考え方からである。

CAJJプログラム、CAバンヅケ制度、キャリチャレ。すべて社内の流動性を高め、新たなチャレンジの機会を提供するための仕組みである。その中で社内のいろいろな人たちと仕事をしていく機会をつくる、そしてよりチャレンジングな仕事にトライすることが、会社の成長にも個人の成長にもつながる。こうした考え方がベースにある。

実際に、多く失敗をした人ほど、いろいろな部署から一緒にやらないかという声が掛かるという。特に事業の立ち上げを失敗した人は、貴重な先人の知恵を身につけた人として認められる。一人ひとりの成功や失敗をいろいろな人たちがシェアし合うことで、個人の成長と会社の成長を重ね合わせていると言える。

第四の仕掛け　みんなで喜ぶ、みんなで認める

大きなビジョンを共有し、お互いを知る。その上で、さまざまな人たちと仕事をする機会が得られる。そして、最後に大事にしているのは、成果を褒め、喜びを共有するという取り組みである。

昇格したチームのポスター

彼らの社内認知の仕組みで重要になっているのが、社内用ポスターである。これまで紹介してきたような社内の新しい取り組みがあれば、社内の告知用のポスターを作成し、社員が出勤する前にこっそりと貼っておく。それも、異なるデザインの大型ポスターを一度に何枚も同じ壁面に貼り出す。そうした活動への本気度を伝えるために、みんながあっと驚くポスターを掲示する。

さらに、CAJJプログラムで事業昇格を果たした子会社や事業部の昇格を賞賛するポスターは、その事業部の意向を聞いてデザインし、制作する。笑顔満載のポスターが社内に多く貼り出されている。

面白いのは、こうしたポスターを制作する専門デザイナーが、人事本部にいるということとだ。社員を元気にしたり、みんなで成果や喜びを伝え合う手段として、社内ポスターが重要な役割を果たすと考えられている。

さらに、社内に飾られている、営業で高い業績をあげた人たちの写真は、やけにカッコイイ写真が並んでいる。実は、これもしゃれっ気で、プロの写真家に依頼して、ブロマイド風の写真を撮って飾っているのだという。営業も明るく、楽しく、注目されるようにしたい。そんな思いから行っているという。

こうした活動や成果を、徹底して社内で認知していくこと、しかもそれを面白おかしく伝えていくことは、素直に自分もああなってみたいという気持ちを引き出していくようだ。

もう一つ、独特の仕組みがある。「二駅ルール」というものだ。オフィスがある最寄り駅、たとえば渋谷や大阪から二駅以内に住んでいる人には、月三万円の家賃補助が出るという、会社の近くに住むことを奨励する仕組みである。実際に七〇％近くの人が、この制度を利用しているという。

こう聞くと、社員を夜遅くまでこき使えるように、会社の近くに住まわせているんだろうと思われてしまうかもしれない。しかし、実はそうではない。

何かあったらみんなで飲みに行こう。ちょっとしたことでも、みんなで盛り上がろう。

こうしたときに、自宅が遠いと何かと時間を気にしてしまう。それがオフィスから自宅が近ければ、思う存分盛り上がれる。また、二駅と規定することで自然と社員同士の自宅は近くなり、部署を横断した交流が生まれやすい。そんな気持ちからつくられた仕組みだという。

実際に、週末は部署内のメンバーや同期などで集まり、懇親会が開かれることが多いそうだ。みんなで盛り上がる、喜びを分かち合う。そんなことを日常に組み込んでいくこと。これが、組織を元気にする一つのコツなのだという。

ちなみに、さすがに結婚して家庭を持つ人からは、もう少し郊外に住みたいという要望が出てきて、「どこでもルール」というのを新たに新設し、入社五年を経た人は、持ち家でも賃貸でも、どこに住んでも月五万円家賃補助するという仕組みにしたという。

この他、休日制度も特徴的で、二年間働くと五日間（「休んでファイブ」）、五年間働くと一ヵ月（「休んで一ヵ月」）のリフレッシュ休暇を付与されるという仕組みもある。ミッションステートメントにあるように、優秀な人が長期にわたり気持ちよく働ける環境を実現したい。そのために、福利厚生も含めた、働く環境づくりは、重要な取り組みの一つになっている。

社員を認めることは、何も高い評価をつけることや、それに応じて報酬を加算したり、昇格させることだけではない。みんなに注目されたり、ほめられる。一緒に喜びを分かち合える。その方がずっと自分という存在に自信が持てるようになり、前向きな気持ちが持てるようになる。

自然とみんなが協力し合う組織づくり

サイバーエージェントの話を聞いていると、個人個人の協力を促進するための仕組みを構築するとか、ルール化するといった発想は出てこない。

彼らは、自然にお互いに関心を持ち、一人ひとりの人柄、人となりを知ることが、チームとして働くための基盤づくりだと考えている。そして、できるだけ多くの人がクローズアップされる機会をつくっていく。ちょっとした主役感を実感できる場をつくりだしていく。そうした取り組みが、この会社にいることの面白さや充実感を高め、人との関わり方を自然でかつ楽しいものにしていく体質をつくりだしていくのだという。

こうした考え方を一番実践しているのが、藤田社長である。誰よりも現場の一人ひとりについて、よく知っているという。できるだけ多くの社員と対話すること、知ろうとすることが、この会社の行動原理をつくりだしている。同時に、自分で何でも決めるのではなく、本当に人に任せる。そしてやってみようという気持ちにさせる。

また、こうした組織の中に文化としての行動原理をつくりだす仕掛け部隊になっているのが人事本部である。前述の曽山人事本部長は、「人事本部の役割は経営と社員のコミュニケーション・エンジンだ」と、部門のメンバーに話しているのだという。これまで紹介した制度も、本当に楽しいネーミングを行っている。社員を驚かせたい、楽しませたいという気持ちが、こうした制度づくりや社内のコミュニケーションの仕掛け、ポスターなどからにじみ出てくる。

「二一世紀を代表する会社を創る」。それは、形の決まったゴールに組織が一丸となって突き進めということではない。むしろ、一人ひとりが主役になって、当事者意識を持って、前向きに会社を良くしていこう、もっと良い会社にしよう、そういう思いを共有し、みんなでつくろう。そうした思いを、集約したビジョンにほかならない。

大きな企業であるほど、一人ひとりを知るということが難しくなる。評判情報を共有する基盤をつくりだし、一人ひとりを考え、お互いを知り、関わり合うためのコミュニケーションを徹底して行っていくことが、組織への信頼を生み、お互いが関わり、協力し合い、共創し合う関係づくりにつながっていくのである。

3　ヨリタ歯科クリニック

患者が選ぶ良い歯科医院ナンバーワン

組織内の相互協力を実現するためには、協力の連鎖が必要である。しかし、協力の連鎖を維持することは簡単ではない。なぜなら、さまざまな誤解やちょっとした裏切りによって、たちまち裏切りの連鎖に陥ってしまうからだ。そのようなことを避けるためには、常に自分が協力的であること、協力の意図を持っていること、協力したいという情熱を持っていることが重要である。しかし、それだけではまだ不十分だ。そうしたことを組織みんなが共有して初めて協力の連鎖が維持される。協力したら協力が返ってくるだろう、という希望を常に持てるような組織をつくることが必要だ。

そのために協力のインセンティブづくりに力を入れている事例を最後に紹介する。

「ワクワク楽しい」という気持ちや「感謝の言葉」が自然と広がっていく、そんな歯科医院の事例である。協力し合うインセンティブをつくるには、そこで働く一人ひとりの人たちがワクワクと楽しく働くこと、そしてお互いを尊重し、感謝の気持ちを伝え合うことがいかに大切であるかを教えてくれる事例である。

ヨリタ歯科クリニックは、東大阪市花園にある近鉄奈良線河内花園駅前のテナントビル内の、歯科医やスタッフを合わせて三十人以上になる比較的大きな歯科医院である。下町風情の残る、商業地と住宅地の混在した小さな駅前である。高齢化が進んでいる地区でもあり、周辺にも数多くの歯科医院があることから、ビジネス環境という視点でみると、非常に厳しい状況にある。

ところが、この歯科医院には、本当に多くの患者が集まってくる。かなり遠くの駅の人たちも、このクリニックに時間をかけてやってくる。特に、小児歯科を前面に出しているわけではないのに、子供やその母親たちがたくさん集まってくる。

実は、ヨリタ歯科クリニックは「患者が選ぶ病院ランキング　近畿東海版」の歯科医院部門で、一位にランキングされている、患者から行きたいと思われている歯科医院ナンバーワンなのである。そもそも歯医者など、歯が痛いとき以外は、行きたくないと思うものだが、この歯科医院には、自ら進んで行って、定期的に診てもらいたいという患者が数多くいる。

こうした、ヨリタ歯科クリニックの秘密が知りたくて、多くの歯科医院関係者や企業経営者が訪れる。すると、足を踏み入れた瞬間から、わかることがある。この歯科医院には、笑顔や感謝の気持ちがあふれている。スタッフや患者の言葉や表情だけでなく、医院の中に置いてあったり、貼ってあるもの、さまざまなものから笑顔や感謝の気持ちが伝わってくる。なぜ、こんな医院ができたのだろうか。どうして、ここで働く人たちはこんなにイキイキと働けるのだろうか。

この事例を見ながら、多くの人たちが一緒の場を共有して、働くということの意味を改めて考えてみたいと思う。

なぜ、多くの患者が集まってくるのか

まず、患者の視点から、ヨリタ歯科クリニックの魅力について見ていこう。

あなたが最初に、ヨリタ歯科クリニックを訪れると、必ずカウンセリングルームに通される。具体的な症状の前に、歯医者に対するイメージやヨリタ歯科に来ようと思った気持ちなどについて、カウンセラーに訊《き》かれる。

「歯医者に行くと、こちらの話を聞くことなく、いきなり寝かされて口をあけさせられる。しかも、歯科医はマスクをしたままで、何を言っているかわからない」

「歯科医によっては、すぐに削りましょうという。歯が痛くないところも、ここも治しておきましょうという先生が多い」

このように、歯医者に行っていままで感じていたこと、不満、気になることについて、最初に話をすることになる。そしてこれからの診療でして欲しくないこと、気をつけて欲しいことを訊かれる。

このようにまず、患者の歯医者に対する気持ちを訊き、尊重することから、ヨリタ歯科クリニックの診療が始まる。初診だけでなく、カウンセリングは必要に応じて行われる。また、患者のことをよく知るために、「気づきカルテ」というものをつくっている。患者と話したこと、気づいたことを記録に残しておき、他のスタッフがその人のことを知ることができるようになっている。

患者のことをよく知る。患者の気持ちを大切にする。ここが、ヨリタ歯科クリニックの第一の魅力である。

実際の治療方針も明快である。できるだけ歯を削らない治療を行っていく。むやみに削らず、できるだけ他の治療で治していく。そのためにも重視しているのが、予防を中心にした診療である。治療室とは別に、ウエルカムサロンと呼ばれる予防専門のフロアがある。歯の健康を守るために、定期的に歯のメンテナンスを行っていくためのフロアである。このフロアでは、歯科医ではなく、歯科衛生士が診てくれる。

ハイハイクラブ（妊娠中の母親から三歳児までのむし歯予防クラブ）、カムカムクラブ（四歳から一二歳までのむし歯予防クラブ)、スマイルクラブ(歯並び矯正のクラブ)、ハニカムクラブ(一三歳からのむし歯、歯周病予防クラブ)など、歯を大切に考えるコミュニティがある。

これらのクラブに参加すると、歯の健康ノートが渡される。カムカムクラブに所属する子供たちは、三ヵ月に一回のペースで自主的に来院する。むし歯がないとカムカムスタンプを押してくれる。スタンプがたまると、スタッフが工夫してつくったバッジなどのプレゼントがもらえる。それ以外にも、月に一度のマザースクールを開催し、母親にもむし歯予防のポイントなどを伝える。カムカムニュースというむし歯に関する豆知識やイベントの案内などのニュースレターを年に三回送付する。

歯を大切にする。そのためには、歯が痛いという状態になってから来るのではなく、歯の健康状態を維持することが大切。そうした考え方から、歯の予防に関する専門プロが担当になり、歯のメンテナンスを行ってくれる。同時に、歯を大切にし、歯の健康を考えてゆくための工夫を行いながら、子供たちを中心に、歯について楽しく学んでいく機会をつくっていく。これが、ヨリタ歯科クリニックの第二の魅力である。

もう一つ、患者がヨリタ歯科に来院したいと思う、大きな魅力がある。それは、この病院には笑顔と笑顔になれる仕掛けがたくさんあるということだ。

「smile & communication」。これが、ヨリタ歯科に働くスタッフの合言葉である。患者

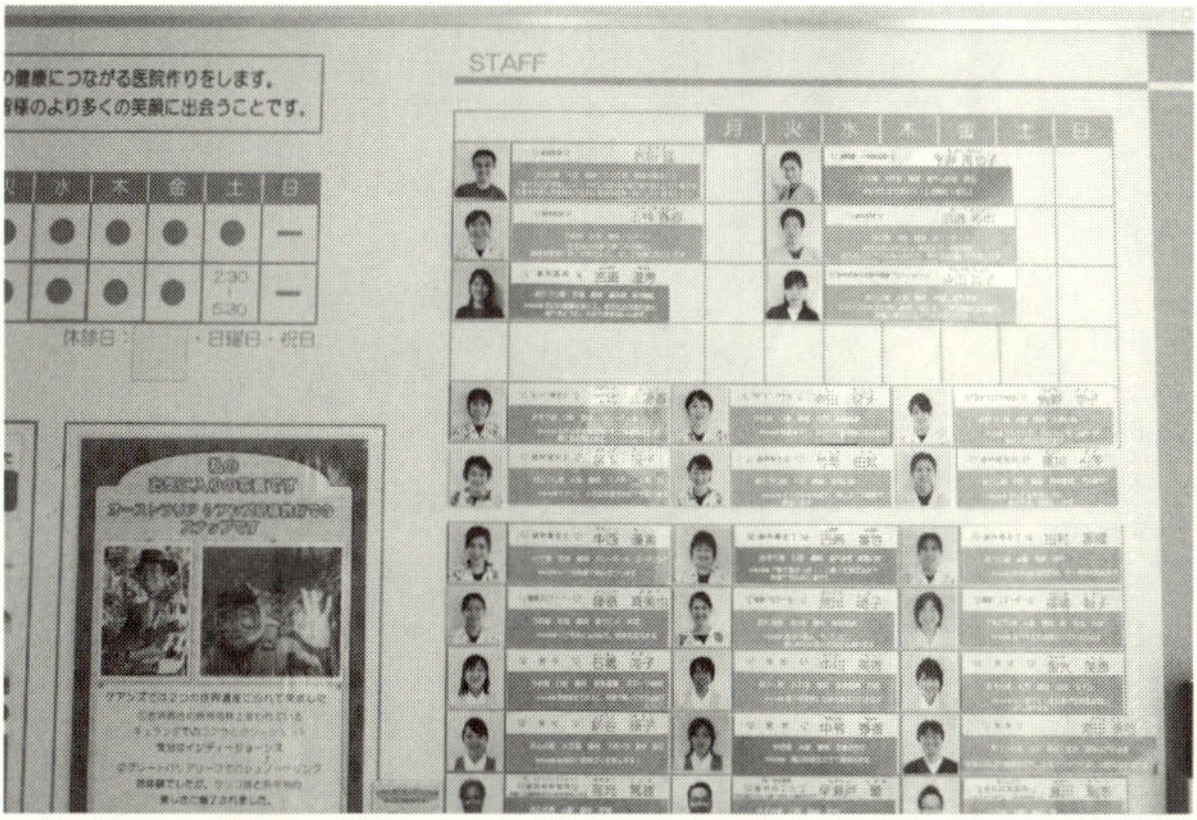

待合室のコミュニケーションボード

を笑顔で迎えたい。緊張せずに、ゆったりと心地よく過ごしてもらいたい。癒され、幸せな気持ちになってもらえる歯科医院になりたい。それが、いろいろな形で実践されている。

彼らは、受付のスタッフのことを、「スマイルクリエーター」と呼ぶ。スマイルクリエーターは、患者が来ると玄関口まで出て行って、名前を呼んで、笑顔でお迎えをする。待合室に笑顔をもたらすのが、スマイルクリエーターの役割である。

待合室には、スタッフ紹介のコミュニケーションボードがある。予防専門のウエルカムサロンにも、すべてのスタッフの写真と言葉が掲げてある。一人ひとりのスタッフの患者への思い、医院への思いが、伝わってくるメッセージがたくさん書いてある。

カムカムフェスタ

さらに待合室には、スタッフの人たちが自主的に企画したイベントの案内や、実施した内容をまとめたアルバムやファイルがたくさん置いてある。

母の日には、母の日プロジェクトと称して、子供たち直筆のメッセージ「お母さんいつもありがとう」の手紙を渡すといったイベントを企画して、ツーショットの写真とカーネーションをプレゼントしたり、海の日には、待合室にイルカやスイカの浮き輪を置いて、波のBGMを流したり、ある歯科衛生士の実家の商店自慢の「いりこ」と「しそわかめ」を販売する企画を立てたりと、患者に楽しんでもらえるイベントをスタッフが自主的に実施している。

こうしたイベントの中でも最大のものが、

先ほど紹介したカムカムクラブのイベント、カムカムフェスタである。年二回、毎回一五〇人もの子供たちと保護者が参加するイベントになる。その日は診療を休みにして、ゲームやクイズ、演奏会など、スタッフが考えて企画したイベントを実施する。子供たちに夢や希望を与えたい、笑顔いっぱいになって欲しい、そんな気持ちで、スタッフが自主的に企画し、運営している。

それ以外にも、スタッフで一緒に行った海外研修旅行の写真や、そこで各人が感じたことや学んだことを書いたファイルがあったり、ヨリタ歯科や歯についてよく知ってもらうための小冊子が置いてあったりする。待合室や医院全体に、患者と一緒に学び、楽しみ、元気になっていこうとする姿があふれている。

医院変革の理由

普通に考えると、なぜ、歯科医院でここまでする必要があるのだろうかと思う人もいるかもしれない。ただ業務として決まっているから、だけでは、ここまでのことはできない。そこにはこの歯科クリニックで働く人たち、何より院長の寄田幸司先生の強い思いがあるからである。

寄田院長は大学卒業後、四年間の勤務医生活を経て、一九九一年六月に、ヨリタ歯科クリニックを開業した。最初はとにかく必死だったという。患者さんが数多く来てくれる医院にしたい。そんな思いから始めた。ところが開業四ヵ月半で、三人のスタッフが全員、今日で辞めたいと言ってきた。そこではじめて、自分とスタッフの間に深い溝ができてしまったことに気づいたのだという。

忙しさのあまり仕事は流れ作業のようになり、スタッフは自分の指示通りに動いてくれさえすればよいと思うようになっていた。スタッフの気持ちに気を配る余裕もなく、ハードな毎日を繰り返すだけになっていた。

同時に、これで本当に患者さんも満足しているだろうかと思った。一人ひとりの患者さんに十分な時間をかけられない。患者さんの話をきちんと聞いていない。患者さんも不安になっていないだろうか。

次の日に、スタッフ一人が戻ってくれてどうにか乗り切れたが、そんな思いを強く持つ出来事を、開業四ヵ月半で体験してしまった。

この出来事をきっかけに、スタッフの気持ち、患者の気持ちをよく考えるようになった。しかし、実際には忙しさの中で、根本的な解決はできないままであった。患者とじっくり向き合うことができない。スタッフも余裕のない中で働き続ける。

そんな中、二つ目の大きな出来事が起きた。自分の母親が亡くなったのだ。母親が亡くなったとき、彼は診療室にいた。医院を抜けられなかった。患者さんのためとはいえ、仕事を優先してしまった自分でよかったのだろうか。自己嫌悪に陥ってしまった。

結局、自分一人で診療していては、自分がいなければ患者さんに迷惑をかけてしまう医院になってしまう。自分だけでなく、スタッフが家族の大事なときに休みを取れないような医院は絶対によくない。自分たちが安心して、支え合って、働ける医院でなければ、患者さんにも余裕をもって接することなどできない。

何よりも自分もメンバーも、仕事が楽しくなければ、患者さんも楽しいわけがない。メンバー一人ひとりがイキイキと働ける職場にする。そしてチームとして一緒に支え合い、協力し合える。そんなメンバーと一緒に働く喜びを分かち合いたい。自分もスタッフも、イキイキと輝きたい。

この二つの出来事がつながり、彼の中に、この病院を抜本的に変えようという強い決意ができたのだという。

ワクワク楽しい医院づくり

寄田院長はいろいろな人に会い、異業種交流会に参加し、経営の本も読んで、どうしたら自分の理想とする医院に変えられるかを必死に考えたのだという。そこで辿《たど》りついたのが、治療だけでなく予防をもう一つの柱として、予防専門のフロアを立ち上げるということだった。

医院の入り口から内装から全面改装し、さらにスタッフも倍にする。予防のフロアは歯科衛生士が主役になって欲しい。患者さんが、歯が痛いから来るだけの医院ではなく、歯の健康を守ってあげることから始まる医院になろう。そんな決意をスタッフに語った。

最初はスタッフも戸惑ったという。フロアが増える。人も増やすけど、患者も増える。もっと忙しくなるのではないか。なぜ、そこまでしなければならないのか。

しかし、寄田院長は何度も自分の考えをみんなに話した。一人ひとりがイキイキと働き、お互いを支え合い、助け合う。そして、患者さん一人ひとりと向き合い、自分たちも患者さんにも、ワクワク楽しい医院にしたい。

そんな思いを理解しながらも、まだ不安を感じるスタッフがいる中で、医院の全面改装を行った。フロアを新設して、スタッフも増員した。

次第に、寄田院長の思いに、みんなが引っ張られていった。

思いは伝播する

まず大きく変わったのが、歯科衛生士だった。他の医院では、あくまで歯科衛生士は歯科医の助手。最後に仕上げをしたり、歯磨き指導をするといった役割だった。しかし、新設された予防専門フロアでは、歯科衛生士が主役になった。自分が担当する患者ができ、定期的に歯の健康管理をしていく。仕事に対する意識、やりがいが大きく変わった。

スタッフの役割も大きく分化していった。初診の際に話を聞くカウンセラーも、じっくり患者と向き合うことの喜びを感じるようになってきた。

さらに、寄田院長の思いを言葉で伝えるために、「Our Credo《クレド》」（私たちの信条）をつくった。「私たちはお客様に感動を与えるおもてなしをします。患者の皆様の心の健康にもつながる医院づくりをします」

そんな自分たちの大切にしていきたい、思い、考え方を、自分たちの言葉でつづり、朝礼で唱和する。小冊子の中でも、寄田院長のこの医院に対する思いを書いていく。その言葉の意味をみんなで感じられるようにしていった。

週に一度、昼休みにミーティングを開くようにもなった。スタッフが自主的に始めたミーティングで、お互いの仕事の状況や問題点、新しい技術の勉強などを共有することから始めた。とはいうものの、最初はまったく意見が出なかったという。

そこで考えられたのが、「ワクワク楽しいミーティング」に変えようということだった。ちょっと楽しいミーティング用のシートをつくった。その名も、「王様の言うことは絶対

~!!」というタイトルのシート。司会者を王様として、会議の最初にみんなで、「王様の言うことは絶対~!!」と叫んで始める。何かあれば、王様と言って手をあげて発言をする。司会者が、少しでも気持ちよくできるようにというアイデアから始まった。シートには「チョット聞いてよ院長~」「診療室からチョット聞いてよ~」「受付からチョット聞いてよ~」と書いてあり、お互いに気づいたこと、聞いて欲しいこと、伝えたいことを、素直に共有し合おうという形に変わっていった。

このミーティングの中で、いろいろなアイデアが出されるようになった。患者のカルテを受付スタッフが渡すとき、すでに誰かに報告済みであれば、その医師やスタッフの似顔絵つきカードをつけておく。そういったお互いの業務を、気持ちよく引き継げるような工夫がなされるようになってきた。

また、カムカムフェスタなどのイベントの企画も、徐々に自分たちでアイデアを出し合い、自主的に運営されるようになっていった。最初は、寄田院長のアイデアだったが、子供たちや患者たちが喜んでくれる姿に接して、みんなでもっとこんなことができないか、やってみたいというアイデアが出てくるようになったのだという。

また、こうしたイベントの企画・運営やホームページの作成、更新を専門とするスタッフもできた。感動クリエーターという仕事だ。患者だけでなく、何よりも自分たちが楽しくなるイベント、ホームページづくりが行われた。

是非一度、ヨリタ歯科クリニックのホームページを覗《のぞ》いてみて欲しい。そこには、イキイキと働くスタッフ一人ひとりのヨリタ歯科で働く思いや仲間に対する思いがあふれている。このクリニックで働き、同じ時間を過ごし、一緒に考え、楽しく働いていることへの喜びと感謝の気持ちがいっぱいのホームページである。

さらにお互いをよく知る、お互いが共通の体験をしていく。そのために、毎年、海外研修旅行を企画して行くようになった。目的を持って、一緒に体験し合う。本当のもてなしを体感してみよう。そうした企画やそのための旅行のしおりなども、自分たちで企画して、実施するようになっていった。

一人、飛行機に乗るのが苦手で、参加できないでいるメンバーがいた。そのメンバーのために、今回は国内旅行にしようとみんなで話し合って企画したこともあった。みんなをつなぐ大切な思い出を、一緒に体験したい。そんな思いが高まっていった。

寄田院長の思いは、確実にスタッフの中に広がっていった。その思いが患者への思い、何よりお互いのメンバーへの思いへと変わっていった。それが一人ひとりの自主性を引き出していった。ワクワク楽しい医院づくりは、ワクワク楽しい職場づくり、関係づくりから、ワクワク楽しい自分づくりへと広がっていった。

一人ひとりの自分発見、自分づくり支援

実は、ヨリタ歯科クリニックにも目標設定の仕組みがある。しかし、これは一人ひとりの成果を高めるために管理するツールという発想ではない。一人ひとりの自分発見、自分づくりを支援していくためのツールである。

年に一回、正月の宿題で、自分の目標設定を行う。まずは目標を設定する前に、自分の状態を分析してみる。「心」「仕事の能力」「体・生活」の三つの項目について、「仕事が上手くいっているときの状態」と「上手くいっていないときの状態」を比較してみる。自分がどんな状態になれば、気持ちよく働け、能力が発揮でき、心身ともに充実しているかを実感できるようにイメージする。

その上で、自分が克服したい問題点、解決策を考え、自分が成し遂げたい目標を設定する。目標というよりも、こんな状態になっていたいという夢である。ただ、そこに日付をつけると、それは夢ではなく、目標になる。そういった意味で、マイゴールを設定する。

こうして設定された年間行動目標は、誰もが目につくところに置いておく。常に確認できるようにする。さらにリーダーと毎月面談をして、前に進めているか、良い状態にあるのかを話していく。

一人ひとりがこの医院に関われたことの喜びを実感できる仕事、役割が持てるように、きめ細かくフォローしていく。

昼休みには、先輩が若いスタッフの指導を行い、技術やノウハウは、みんなで学び、成長できるように、勉強し合う。

寄田院長も、若いドクターの患者への接し方などでちょっとした配慮の足りない点があると、個室に医師全員を集めて、いまの対応では何がよくないのかを厳しく伝える。みんなの問題として、一緒に考える。ミーティングの中でも、問題があったことについては素直に意見を言い合うようにしている。迷惑をかけてしまった、これでは患者に申し訳ないという気持ちは、強く感じることが必要だという考え方からだ。

職場での言葉遣いも、いくら仲がよいからといって、馴《な》れ馴れしいやり取りはしない。院長はじめ、お互いに丁寧な言葉遣いをするようにしている。

技術や仕事には厳しく、より高いレベルを目指すマインドを持たなければならない。ただ、それを個人で考え、個人を追い込むようなことはしない。一緒に考え、能力向上を支え、問題も一緒に考えていく。

寄田院長は、「仕事は楽しくなければ、前向きになれない。成功体験を通じて、次にはこうしたいという気持ちが出てくる。そうした前向きな気持ちを引き出してあげると、人はどんどん伸びる」と言っている。

実際に、スタッフの話を聞くと、この医院に来て、自分が大きく変わった、仕事に対する責任感や意識が変わったという言葉が数多く返ってきた。

自分が必要とされているという実感

もう一つ、スタッフから返ってくる言葉がある。それは、「自分が役に立っているという実感が持てるようになった」「自分が好きになった」、そんな言葉だ。

ヨリタ歯科では、一人ひとりを認める、一人ひとりに感謝するイベントが数多く行われる。表彰も、全員に対して行う。その人のよさ、みんなが認めていることをタイトルにした賞を手渡す。一人ひとりの存在価値をみんなの前で認めていくのだという。

「ありがとう」の色紙も全員に渡される。全スタッフにお互いが感謝のコメントを書いて、渡される。みんなが自分のことをどう思ってくれているのか、暖かい言葉で伝わってくる。給与明細を渡す際にも、院長が一人ひとりに手紙を書いて、それを一緒に渡す。

ホームページにも、多くのスタッフの活躍する姿、それに対する寄田院長やみんなのコメントが出ている。

自分が認められている、感謝されている。自分は役立っているんだという実感を、いろ

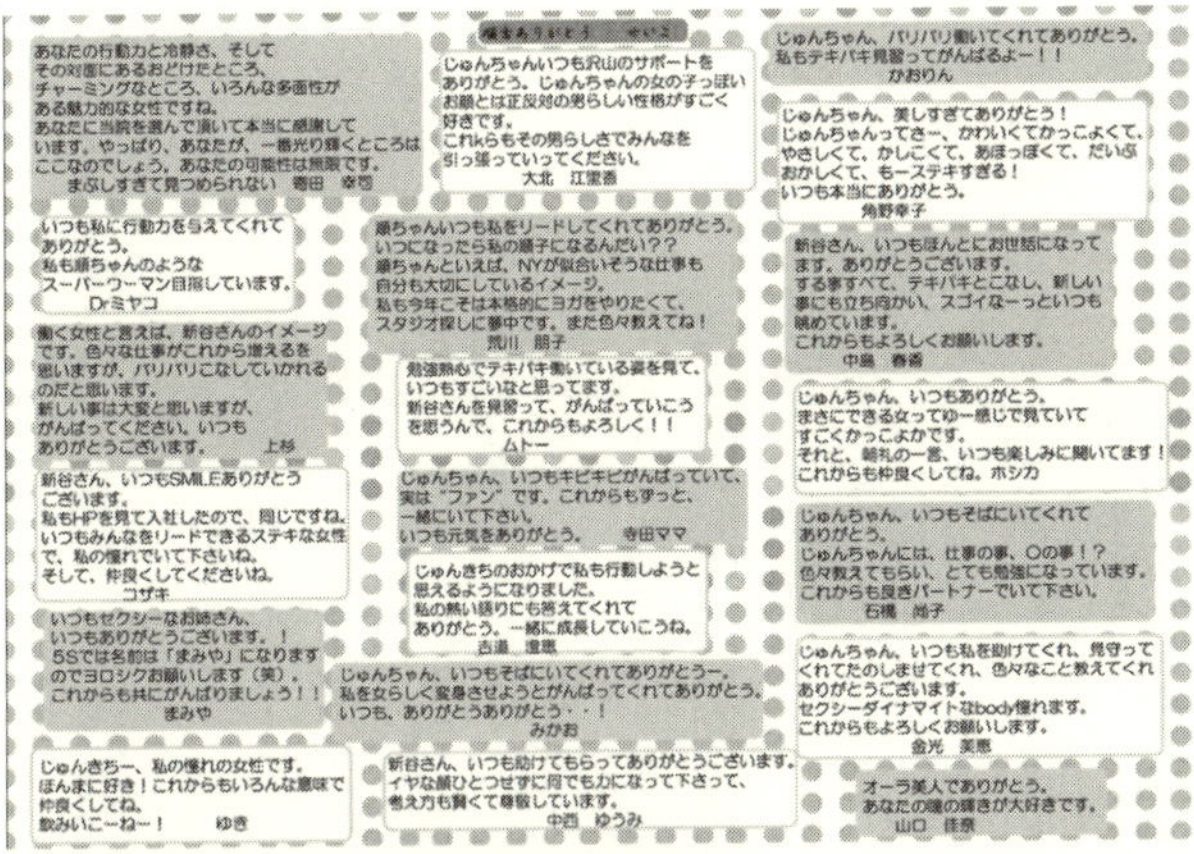
あなたの行動力と冷静さ、そして
その対極にあるおどけたところ、
チャーミングなところ、いろんな多面性が
ある魅力的な女性ですね。
あなたに当院を選んで頂いて本当に感謝して
います。やっぱり、あなたが、一番光り輝くところは
ここなのでしょう。あなたの可能性は無限です。
まぶしすぎて見つめられない 寄田 幸司
じゅんちゃんいつも沢山のサポートを
ありがとう。じゅんちゃんの女の子っぽい
お顔とは正反対の男らしい性格がすごく
好きです。
これkらもその男らしさでみんなを
引っ張っていってください。
じゅんちゃん、バリバリ働いてくれてありがとう。
私もテキパキ見習ってがんばるよー！！
かおりん
じゅんちゃん、美しすぎてありがとう！
じゅんちゃんってさ～、かわいくてかっこよくて、
やさしくて、かしこくて、あほっぽくて、だいぶ
おかしくて、もーステキすぎる！
いつも本当にありがとう。
角野幸子
いつも私に行動力を与えてくれて
ありがとう。
私も順ちゃんのような
スーパーウーマン目指しています。
Drミヤコ
順ちゃんいつも私をリードしてくれてありがとう。
いつになったら私の弟子になるんだい？？
順ちゃんといえば、NYが似合いそうな仕事も
自分も大切にしているイメージ。
私も今年こそは本格的にヨガをやりたくて、
スタジオ探しに夢中です。まだ色々教えてね！
荒川 朋子
新谷さん、いつもほんとにお世話になって
ます。ありがとうございます。
する事すべて、テキパキとこなし、新しい
事にも立ち向かい、スゴイなーっといつも
眺めています。
これからもよろしくお願いします。
働く女性と言えば、新谷さんのイメージ
です。色々な仕事がこれから増えるを
思いますが、バリバリこなしていかれる
のだと思います。
新しい事は大変と思いますが、
がんばってください。いつも
ありがとうございます。 上杉
勉強熱心でテキパキ働いている姿を見て、
いつもすごいなと思ってます。
新谷さんを見習って、がんばっていこう
を思うんで、これからもよろしく！！
ムトー
じゅんちゃん、いつもありがとう。
まさにできる女ってゆー感じで見ていて
すごくかっこよかです。
それと、朝礼の一言、いつも楽しみに聞いてます！
これからも仲良くしてね。ホシカ
新谷さん、いつもSMILEありがとう
ございます。
私もHPを見て入社したので、同じですね。
いつもみんなをリードできるステキな女性
で、私の憧れでいて下さいね。
そして、仲良くしてくださいね。
コザキ
じゅんちゃん、いつもキビキビがんばっていて、
実は"ファン"です。これからもずっと、
一緒にいて下さい。
いつも元気をありがとう。 寺田ママ
じゅんちゃん、いつもそばにいてくれて
ありがとう。
じゅんちゃんには、仕事の事、○の事！？
色々教えてもらい、とても勉強になっています。
これからも良きパートナーでいて下さい。
じゅんきちのおかげで私も行動しようと
思えるようになりました。
私の熱い語りにも答えてくれて
ありがとう。一緒に成長していこうね。
いつもセクシーなお姉さん、
いつもありがとうございます。！
5Sでは名前は「まみや」になります
のでヨロシクお願いします（笑）。
これからも共にがんばりましょう！！
まみや
じゅんちゃん、いつもそばにいてくれてありがとう～。
私を女らしく変身させようとがんばってくれてありがとう。
いつも、ありがとうありがとう・・！
みかお
じゅんちゃん、いつも私を助けてくれ、見守って
くれてたのしませてくれ、色々なこと教えてくれ
ありがとうございます。
セクシーダイナマイトなbody憧れます。
これからもよろしくお願いします。
金光 美恵
じゅんきちー、私の憧れの女性です。
ほんまに好き！これからもいろんな意味で
仲良くしてね。
飲みいこーねー！ ゆき
新谷さん、いつも助けてもらってありがとうございます。
イヤな顔ひとつせずに何でも力になって下さって、
考え方も賢くて尊敬しています。
中西 ゆうみ
オーラ美人でありがとう。
あなたの瞳の輝きが大好きです。

「ありがとう」の色紙

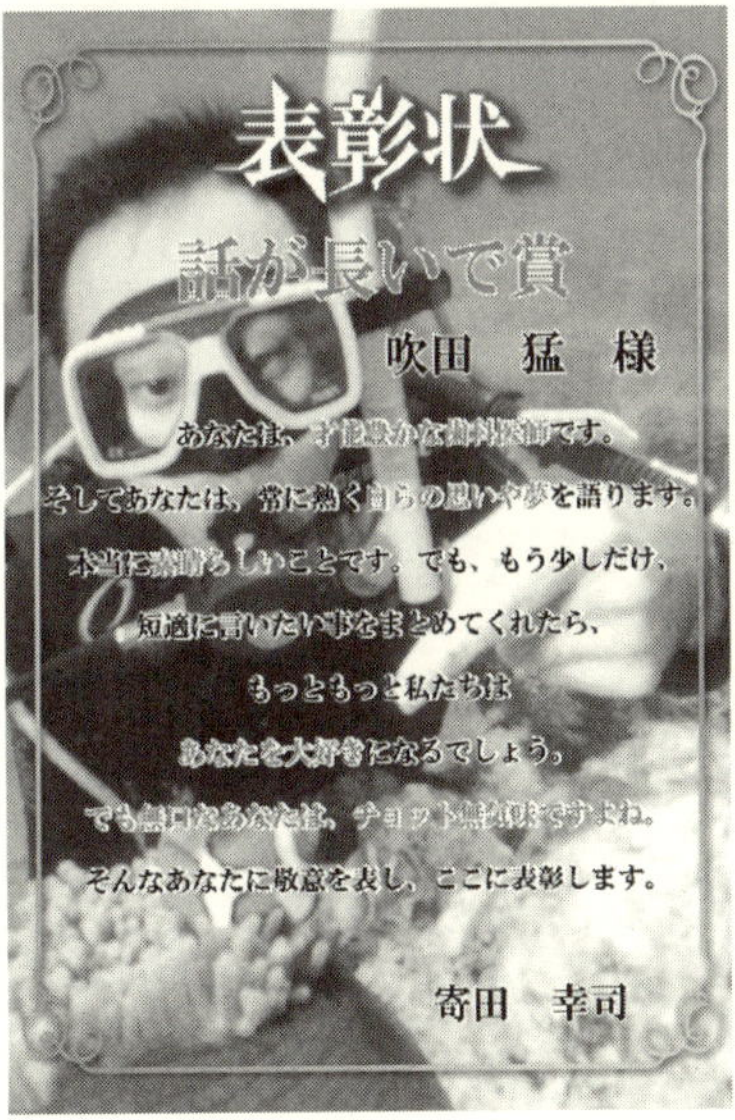
表彰状
話が長いで賞
吹田 猛 様
そしてあなたは、常に熱く自らの思いや夢を語ります。
本当に素晴らしいことです。でも、もう少しだけ、
短適に言いたい事をまとめてくれたら、
もっともっと私たちは
あなたを大好きになるでしょう。
そんなあなたに敬意を表し、ここに表彰します。
寄田 幸司

スタッフそれぞれに渡す表彰状

いろな場面で感じることができる。

寄田院長は、「ありがとうは伝染する」と言っている。まず自分からありがとう。その気持ちがスタッフに伝わり、スタッフ間に伝わり、患者に伝わる。それが、患者に喜んでもらえるサービスの原動力になるのだという。

寄田院長は自分のことを、「ドリームマスター」と言っている。患者やチームメンバーに夢と希望を与えられる存在になりたい。多くの患者に愛されるだけでなく、多くのメンバーがヨリタ歯科で働けてよかった、ヨリタ歯科で夢が見つかった、夢が実現できた、自分に自信が持てるようになった、そんな気持ちになって欲しいというのが、彼の思いだ。

ヨリタ歯科で働く一人ひとりが、自分が役立つ場所を見つけていく。そしてみんなから認められ、感謝される存在になる。それが、一人ひとりの自分発見になり、自分に自信を持つことにつながる。そうすると、さらに、もっとみんなのために、もっと先を見たことが自分からやりたくなる。

ヨリタ歯科で働くことで、一人ひとりが前向きに生きていく力を身につけていく。それを支えるのが、仲間であり、ヨリタ歯科という場そのものである。協力し合うことのインセンティブは、それが楽しいから、その先に喜びがあるから。そう素直に思える魅力的な場が、多くの患者とスタッフを惹き付けている。

第五章　協力し合える組織をつくる方法

協力関係再構築に必要な姿勢

前章に掲載した三社の事例にとどまらず、自律的協力風土づくりに力を入れ、社員の高い関係性を会社の競争力の源泉にしている企業の研究を筆者らは重ねた。

それらの企業に共通して見られる取り組みは、「協力し合える組織をつくる」上での大きなヒントになると考える。

しかし、気をつけていただきたいことが二つある。

一つは、これから紹介する方法論の中に、何か一つ必殺技のボタンがあって、そのボタンを押しさえすれば問題が解決する、というものではないことだ。

前章で事例として取り上げた三社も、一つの方法論ではなく、多様な取り組みで、社員を協力というベクトルに向けて囲い込んでいる。

「協力し合える組織をつくる」。このシンプルな問いを解くためには、これから紹介するような方法論を、多角的に仕掛けていくことが大切なのである。

もう一つの注意点は、この種の取り組みはすぐに効果があらわれる類《たぐい》のものではないということである。

最近は、とかく短期志向で、ちょっと取り組んでみては、その効果を性急に判断して、取り組みを中断したりする企業が多い。

だが、「築城三年落城一日」と言われるように、協力につながる信頼関係は、壊すのは簡単だが、構築するには時間がかかる。取材した会社は、社内の関係性が明らかに変わりはじめたと感じるまでに「三年くらいかかった」と口を揃えて言う。

継続の力を人に与えるものは信念である。

「自分たちの会社は、社員が気持ちよく協力し合い、イキイキと働く、関係性の高い組織にする。そして、その社員たちがつくりだす強固な組織力という文化をもって、企業の長期的な競争力にする」

という類の決意、覚悟が必要なのだ。

組織変革を成功に導いている企業の最大の共通項は、こうした「信念」であることを、章の冒頭に伝えておきたい。

経営者の責務

一九九〇年代半ばから、日本企業は自らの弱みを克服することによって、競争力の再生を図った。それは、仕事の定義の明確化や、専門性の深化・複雑化への対応という、個人の力を高める方向に傾斜した努力である。

第二章でも述べたように、組織力は「個人の力」と「個人間のつながり」のかけ算である。弱みの克服努力の結果、「個人の力」は手に入れたが、タコツボのジレンマに陥り、「個人間のつながり」を弱めることになった。

個人間のつながりの弱体化は、高業績者、低業績者にかかわらず、非協力的な組織風土の中で孤立感を社員に抱かせ、心を乾燥させた。また、つらい状況、困難な状況に直面しても、精神的・物理的支援者に恵まれないため、一人で追い込まれることになった。

この状況は、社会的動物である人間が働くにふさわしい場と言えない。毎日通うのが苦痛である場が社会的な場とは決して言えないからだ。

経営者にしてみても、現在起きている関係性の崩壊は、「まさかここまで」と、予想のできなかったことであろう。

しかし、人を活かすことが経営であるならば、この行き過ぎた状況を無視するわけにはいかない。

人が人らしく働けない組織は、常識的に見て長続きすることはないのだから。

「優秀な人から先に組織を離脱」「品質問題」……。放置すれば、中長期的には必ずそのつけを支払うことになるのである。

バランスを欠いたものは、バランスを取り戻して正常化を図る。それが経営者の真っ当な責務なのである。

それでは次節より、筆者らが取材などを通じて学んだ「協力し合える組織」をつくるための工夫を、役割構造、評判情報、インセンティブの本書の三つのフレームワークに分けて取り上げてみよう。

1 役割構造に対する工夫

まずタコツボ化しやすい現在の役割構造上の課題に対して、どのような工夫を施すことで、タコツボに閉じこもらない、関係性の高い組織を構築していくことができるのだろうか。

共通目標・価値観の「共有化」

人間は自己最適化しやすい動物である。利己的な行動にひた走らないようにするためには、一人ひとりのタコツボを超越した共通利益を「共有化」する必要がある。共通利益は必ずしも物理的なものを指さない。精神的なものや、定性的な状態を含む。

たとえば、野球の大会で考えてみる。Aチームには、毎年負け続けている宿敵のBチームがあったとする。そこで「打倒B！」という目標の設定が行われれば、それはAチームのメンバーにとり、共通利益になりうる。

しかし、そこには問題がある。目標の「設定」どまりでは、協力関係構築上、まったく意味をなさないということだ。

「共有化」に行き着くところまで経営努力と工夫をしなければいけないのである。

共有化とは、全員が納得して「腹に落ちている」状態である。

共通目標や価値観を設定しておきながら、設定するところまででエネルギーを使い果たしてしまうのか、共有化にエネルギーを使う組織は意外と少ない。しかし、目標の設定によってようやくスタート地点に立ったに過ぎない。そこから先の共有化こそが、チームが最も時間を使ってやるべきことなのである。

よく、「うちは全社ビジョンを設定しているのだが、なかなか社員が共有化して、それに向けて協力しようとしない」という人がいる。しかし、残念ながら共通目標・価値観は放っておけば共有化されるものではない。

自己最適化しやすい人間が、自分のことを後回しにしてでも、その目標・価値観に「のってくる」ためには、相当な努力や工夫をしなければならない。

それは、自分を逆の立場において考えてみれば、容易に想像がつくことである。

しかし、共有化できた瞬間、変化は生まれる。

たとえば、先の「打倒B!」の目標を共有化できたチームでは、自分の出塁のことばかり考えるのではなく、自分を犠牲にしてでも走者を送ってチームに貢献しようとする意識のメンバーが増えるであろう。ワンマンで自分一人で投げぬくことばかりを考えるのではなく、必要な継投で勝ちをもぎ取ることを意識するピッチャーが増えるであろう。

しかし、「打倒B!」がスローガン倒れになっているチームでは、こうはいかない。

サイバーエージェントは、「二一世紀を代表する会社を創る」というゴールを目指し、そのミッションステートメントを共有化するために、トイレという場所を意図的に選び、鏡文字にする、という面白い工夫を凝らしていた。

ヨリタ歯科においてそれは「Our Credo《クレド》」であった。

いずれにせよ全員が、個人の利益を超えた共通目標・価値観を「共有化」するための工夫に取り組むことが、大切なのである。

中途入社社員の増加、契約社員・派遣社員の活用等、人材の流動化、多様化が著しい現在、こうした流動化、多様化に対応するような、「共有化」作業を徹底して行っているだろうか。

・期初に一度、社長が方針説明をして、おしまい
・何年か前に説明をして以来、同じ質量での説明をしていない
・正社員には説明をしているが、契約・派遣社員には同じような質量で説明をしていない
・立派な冊子、モノはつくったが、配布して終わっている

こうした施策で終わっていないだろうか。

共通目標・価値観の共有化は、地味な作業であるが、手を抜いた瞬間から崩れ落ちてしまう代物だ。しかし、人が協力する上で欠かせない重要な資源である。

短期的な業績追求に追われ、この大切な資源を組織全体にいきわたらせる努力を、近年忘れてはこなかっただろうか。

発言や参加の壁をつくらない

部員が集まって会議をしている状況をイメージして欲しい。

そこで、あなたは「良い考え」が浮かんだので、メンバーに提案したとする。

そのとき、もし「それは私の仕事ですから、口を挟まないでもらえますか」と言われたら、どんな気持ちになるだろうか。

おそらく、「二度と提案なんかするものか」と思うだろう。そして、この人から協力要請があったときも、「誰が協力するものか」という態度を示すことになるだろう。

組織は、この種の「壁をつくる発言」を許してはいけない。

最初に見逃せば、周りの人は「自分もそうしていいのだ」と学習をしてしまう。

また、感情は伝染するため、この種の発言に不快感を抱いた人の感情行動が、別の人の不快感を生み出し、組織感情の負のスパイラルを形づくることになる。

これを小さなことと考えてはいけない。この小さなことから、協力崩壊という大きな穴があくのが、組織の常であることを、学習すべきである。

協力を促進するのであれば、負のエネルギーが組織で伝染しないようにするだけではいけない。正のエネルギーが組織に満ちるような工夫を加えることも必要となる。

グーグルは、新しいアイデアの提案を、誰にでも開放している。人事や広報の担当者であったとしても、良いアイデアがあれば、提案すればよい。

発言や提案は、「してはならないもの」ではなく、「大歓迎なもの」なのである。

ヨリタ歯科では、前章で述べた通り、会議の資料の中に「チョット聞いてよ〜」という欄をつくり、その種の意見・提案を出すことを、組織が前向きに推進している。

こうした努力の成否を分ける運用ポイントがある。

それは、発言や提案を「まじめに取り上げる」ようにすることである。

「壁をつくらないから、何でも意見を言いなさい」というところまでは、多くの組織で行われている。しかし、そこで出てくる意見を一つひとつまじめに取り上げないならば、社員は、そのうち馬鹿らしくなる。

中には、そう言っておきながら、出てきた提案を一蹴しておしまい、あるいは、否定的な見解で返すという場の運用を許している組織も見かける。

「壁を越えて、何でも意見を言えといっているのに、うちの会社は社員がおとなしいせいか、なかなか意見が出てこない」という会社は、実際はこうした現場になっていないだろうか。

サイバーエージェントでは、入社前の内定者の段階から、新規事業の提案をどんどんできる。

問題は、そういう制度を設けておいた後である。真剣に取り扱うかどうかで、社員は、「壁を越えた行動を本当にとってよいものかどうか」の態度を決める。

サイバーエージェントでは、実際に内定時の提案が最終選考まで残った人もいる。制度を設けただけではなく、まじめに実行しているのである。

社員は会社の本音を「よく見ている」のだ。

「特定の人にしかわからない」状況をつくらない

仕事がタコツボ化してくると、次第にその人にしか、内容がわからない状況ができてくる。

なんとなく、それはよくないと感じながらも、放置するマネージャーは多い。なぜならば、その人に任せたままのほうが、慣れているから生産性が高いし、安心感があるからだ。

しかし、そのことは結果として、他の人が協力できない状況をつくる。手伝いたくても手伝えない。

そうなると、その人が病気等で休んだ場合は、お手上げになる。責任感が強い人だと、そのことがわかっているから休めなくなる。失格マネージャーにいたっては、「休まれると困るから」と言って、その人の休暇申請をなかなか認めない。

この状況は組織の健康を蝕《むしば》む。

まず、そのまじめな人を壊してしまう。休暇なしに、プレッシャーを感じながら仕事を繰り返すことによる心身的な破壊である。そうでない場合も、組織に対する不信感情を抱かせる結果になる。

「どうして、皆、私に頼るばかりで、手伝ってくれようとしないのか」という感情である。手伝いたくても手伝えないのが、そもそもの出発点なのだが、いつの間にか頼ることが当たり前になり、その人に対するねぎらいの言葉一つも掛けなくなると、こうした感情の爆発を生む。

このような緊張した感情関係に組織が陥る前に、誰もが助け合える構造をつくっておくことが必要となる。

筆者らのお客さんで、チームワークがとてもよい投資顧問会社があるのだが、ここで働いている社員には一つの仕事の習慣がある。

それは、仕事に余裕があるときに、自分の仕事の手順書マニュアルを作成するという習慣である。こうすると、自分が休んだり、部署異動をしても大丈夫な準備ができる。周りの人は、その人がいないときに、いつでも助けに入れる。

その人が忙しくて、手伝いが必要なときでも、そのマニュアルを参考にすれば、普段はその仕事をやっていない人でも協力ができる。

異動をしても、引継ぎはスムーズ。また、引継ぎ後、何か相談したいことがあったときも、そのマニュアルをもとに相談できるし、協力もしてもらいやすい。

引き継いだ人は、そのマニュアルをバージョンアップするのが習慣になっている。

未来工業という電気設備資材の総合メーカーが岐阜県にある。一九六五年の創業以来、一度も赤字を出していない優良企業であるだけでなく、残業ゼロ、年間一四〇日の休日を実現している、労働環境の充実でも、知る人ぞ知る会社である。この素晴らしい労働環境は、社員が自分たちの仕事を工夫することで実現している。

この未来工業にも、「誰もが助け合える」仕組みが見られる。

たとえば、顧客からの問い合わせに電話対応する業務課という組織がある。ここで働く人は、子供を持つ主婦が多い。そのため、学校への送り迎えや、子供の突然の発熱等の事情で、急に休みを取らざるを得ない場合が発生しがちである。

そこで彼女たちは、電話応対を、どの時間帯に、どのチームが担当するのか、「誰かが休みで会社にいないことを想定した」二〇を超えるパターンを考えて作成し、それを手元に置くようにした。

こうして、常に、協力をできる体制を整えると同時に、顧客からの問い合わせがあれば必ず電話に出て応対することができる、という顧客満足の体制も実現している。

一つの仕事を一人の人が抱え込むことには、当面の生産性、安心感というメリット面の誘惑が、確かにある。しかし、短期的にその組織にとっては都合が良くても、長期的には、やがて不都合が発生する。

これを乗り越えるためには、その誘惑を断ち切り、誰もが助け合える仕事の構造を仕組みとして持つ工夫が求められる。

考えた異動と、異動損しない仕組み

あなたは、松葉杖で駅を歩いた経験がおありだろうか。やってみるとわかるのだが、松葉杖で階段を上り下りするのは、想像以上に大変である。特に朝夕の混雑時は悲劇的である。また、電車に乗っていても、不安定だから立っているのも一苦労である。

筆者もそうした経験をして以来、駅で松葉杖を使っている人を見ると、協力的な行動を進んでとるようになった。

そう、人は、相手の苦労がわかると協力心理が働きやすくなるのである。

職場の問題で考えてみよう。

実際に自分が経験した仕事は、いったいどこで苦労するかがよくわかる。

異動は、そうした経験を積む絶好の機会である。

そして前述の通り、その苦労がわかる相手との協力を、人ははなから拒むことはなかなかできない。

したがって、自分が異動経験をした部署とは、協力関係が築きやすくなる。

加えて、異動は新たな人間関係もつくる。このことも、協力心理の醸成を促進する（人間関係についての詳細は次節で述べる）。

協力という、組織で仕事をする上で大切な行動を前提にしたとき、異動はそれを促進する大切な仕組みである。

しかし、一時期「アメリカでは新卒の段階から専門的な職務に就き、その道でキャリアを磨く」という考え方が日本では祭り上げられた。この考え方が是とされて流布し、「だから、あちこち異動してジェネラリストを育てる日本式キャリアはダメだ」という考え方もセットで広まった。

これは、物事を一面からしか捉えていない議論である。ちょっと自信をなくすと、すぐにアメリカ式がよいと礼賛するのは、日本人の悪い癖である。

繰り返すが、組織力は「個人の力」と「個人間のつながり」のかけ算である。個人の力という一面からは、アメリカ式に一理あるのかもしれない。しかし、個人間のつながりという側面も、組織力では大切であることを忘れてはならない。

また、「個人の力」という側面においても、この考え方がまったく正しいというわけではない。

少し脱線するが、「プロ」という概念の輸入の仕方も同じように間違った。

プロというのは、「それしか知らない人」のことではない。「その仕事を（顧客にとって）最高パフォーマンスで提供できる人」のことである。

では、どんな見識があると、最高のパフォーマンスを提供するのに力強いだろう。

たとえば営業という仕事。

営業しか知らない営業マンと、前後工程であるマーケティングや生産の知識をきっちりと持った営業マン。社内の連携、お客様に与える安心感など、一般的にみて、どちらに分《ぶ》があるだろうか。

筆者らが仕事で接する一流のプロが口を揃えて言うことがある。それは、「自分の仕事で最高の仕事をしたかったら、周辺分野の知見をあわせて持つこと」である。

したがって、「個人の力」の側面から言うと、周辺分野の学習機会となる「異動」自体が問題なのではない。問題があるとしたら無目的な異動にある。たとえば、「二年たったからそろそろ……」といったような、慣習的あるいは玉突き的な異動である。

実際は、「考えた異動」であれば、「個人の力」の側面にも良い効果をもたらす可能性を持つし、「個人間のつながり」という側面からは、明らかに、塩漬け人事よりもメリットがある。

もちろん、そうは言っても、異動には抵抗感がつきものである。本人からすれば、「折角ここまで積み上げたものを」という思いや、新しい人間関係に対する不安が生まれるからである。だから、なぜ異動をするのか、それがその人にとってどのような意味合いがあるのかを、時間を使って丁寧に話をすることが大切である。

このようなコミュニケーションのない乱暴な異動は、会社に対する不信感を植えつけるだけである。「なんで俺が」という気持ちを引きずったまま働いても、「個人の力」にとっても、「個人間のつながり」にとっても、良い影響を与えない。

この状態を放置すると、「今度来た、〇〇さん、何あれ？　使えないよね」と異動先で言われるはめになる。そうなると、組織感情としてどんどん悪循環に入り込むことになる。

また、異動に対する不安の一つに「評価」がある。慣れない部署や仕事に変わって、すぐに成果が出せるものかという不安である。評価が下がり、給料が下がるのではないかと考えてしまう。実際にそうなったら、異動損である。

よく「いまは、そうなってしまうかもしれないけれど、将来のことを考えたら異動をしたほうがよい」という説明をする人がいるが、これではダメである。自分の身に置き換えて考えたらすぐわかるはずだ。「いまは、そうなってしまう」ことを、果たしてすんなりと受け入れられるだろうか。

評価を下げることが目的ではなく、その人のことを考えて異動させるのが目的であるならば、「いまも、そうならない」仕組みを工夫すべきである。

武田薬品工業の取り組みは、そのあたりが工夫されている事例だと考える。同社では、異動者に対して、「ローテーションポイント」という加算評価ポイントを付与している。これは異動損とならないように、未経験職務、習熟に時間を要する職務に異動をする場合、最長で三年間（二年が通常）にわたって、評価でポイントを加算する仕組みである。「考えた」異動と「異動損をしない」仕組み。これによって日本企業は「個人間のつながり」という強みを損なうことなく、「個人の力」という弱みも克服できるのである。

2　評判情報に対する工夫

組織がタコツボ化し、個食ならぬ「個職」化することで、自分の周囲で働く人たちの人となりを知らなかったり、下手をすると、同じ会社の社員であることも気づかなかったりする状況が生まれている。

人は、素性を知らない人に対しては、協力の意識は弱まる。

このような、職場環境の変化の中、お互いを知る機会を増やし、協力のベース感情を整備する工夫をどのように行ったらよいのだろうか。

インフォーマル活動の後退

インフォーマル活動とは、運動会、社員旅行、社員サークル等の、社員がセクションや階層を超えて、みんなで集まって何かをする活動である。また、社員食堂、喫煙室、休憩スペース等の場所で、セクションや階層横断的に人が集まる機能も、これに含むものとする。

生産性、効率性の追求から、こうした費用はバブル崩壊後、最初に削減されたコストである。

実際、当時は社員のほうからも不要論が出ていたコストである。

ところが予期せぬことが起きた。福利厚生としての魅力は喪失していたこれらの活動・機能であったが、知らない人と知り合う機会、気楽な関係性を構築する機会も、減ってしまったのである。

当時は、会社の人の顔を知っているのは、結構当たり前のことであったから、この機会を持つことの重要性には誰も気づいていなかったと言っても過言ではない。

しかし、予想しなかった状況が追い討ちをかけた。

人材の流動化である。中途入社社員、パートタイマー、派遣社員の増加。長い間職場をともにしていた人たちではない社員が会社の中に増えた。それも、こうした変化は九〇年代後半以降の一〇年間であっという間に起こった。

さらに、分社化、分散化も進んだ。機能ごとに会社や事業部が分けられ、働く場所も、その機能にふさわしい場所、その機能のコスト採算性が高い場所に分けられた。

その上、職場のタコツボ化である。

会社は、都心のマンションのようになった。隣人が、どんな人なのかわからない。ホールで人を見かけても、同じマンションに住んでいる人なのかどうかの区別もつかない。合理的に進めれば、いつも良い結果を得られる、とは限らない。予想もしないところで、悪い影響が出ることもあるのだ。

人の顔を知っている、人となりを知っているということは、協力関係をつくる上での基本情報なのである。

インフォーマル活動の見直し

前章で事例にあげた三社は、ともに、この基本情報を社員が得るための工夫に取り組んでいた。

紹介した通り、グーグルの工夫の一つに、社内ゲームセンターの設置があった。表向きは、仕事に集中して疲れた社員の息抜き、気分転換のためのスペースである。しかし、そこに人が集まることで交換される社員の顔情報、人間関係は、おそらく、グーグルの開発環境に望ましい影響を与えているであろう。

ヨリタ歯科は、社員旅行を非常に大切にしている。お互いを知り、それが協力の基本となる。職場に戻ると、その基本感情を根っこにした、感謝・認知に包まれた日常業務が待っている。それが非常に好循環している。

サイバーエージェントは、社員のサークル活動への援助を惜しみなく行っている。

二駅ルールは、社員同士が顔を覚え合う、お互いを深く知り合う、ユニークな工夫だ。

「いまどきの若者は、社員同士の飲み会等に出たがらない」という、凝り固まった一般論で、すべてのこうした活動を否定しようとする人がいる。社員旅行等の活動に対しても同じ理論を振りかざす。

しかし、それは若い人が、「あなたとの飲み会が嫌」なのであり、「あなたとの旅行が嫌」なのかもしれない、と自分を疑ってみる必要がある。

自分および自分と似たような人だけの経験をベースに、若者全部を否定的に捉えるのは、マネジメントを司《つかさど》る人間としては、視野や思考が狭小的である。

こうした意識の壁を、上に立つ側から排除しないと、何もできないし、何も変わらない。

東京ディズニーリゾートも、インフォーマル活動において、積極的な工夫をしている。キャスト（園内で働く社員のことをこう呼ぶ）の運動会のようなものを、施設オープン前の時間を使ったりしながら実施している。

その一つがカヌーレース。ディズニーランド内のアメリカ河を、カヌーでチーム競争するというキャストイベントである。

また、ドナルド・ワイルドゲームというものもある。これは、クイズ式のオリエンテーリングを、園内で行うものであり、これもチームを組んで競い合う。

ポイントは、面白いこと

インフォーマル活動の価値を再認識したとしても、そのような活動をただ行えばよいというものではない。

「よしわかった。昔やった要領で社員旅行を復活させればいいんだな」とやってしまうと、必ず失敗する。

なぜか。それは、インフォーマル活動を通じて得られる人間関係情報は、あくまで企業にとっての隠れベネフィットであり、前面に立つものではないからである。

「人の顔をお互いに知ろう」と呼びかけたところで、そんな場所に行きたいという動機は働かない。

あくまで、前面に立つのは、活動そのものである。つまり、社員旅行なら旅行である。それゆえに、そこに人が集まるためには、その旅行自体が魅力的なものでなければならない。魅力＝豪華ではない。人が行きたいと思う工夫が、その中にあるかどうかである。

私たち日本人は贅沢になった。かつては、旅行はそうそう行けるものではなかったから、会社がその旅行代を持ってくれるというだけで、喜んで参加した。

しかし、旅行が誰にでも行ける気軽なものになったときから、状況は変わった。会社が主催する旅行が、楽しいものではなかったら、わざわざ、休日を返上してまで行く意味はなくなる。

しかし、そのことに気づかないまま、社員旅行を旧態依然の中身で開催している会社が多かった。旅行先で、上司にお酌して回る、行きたくもない観光スポットに同行させられる。だから、そのうち、「社員旅行に行くのは、仕事ですか」という質問が人事に寄せられるようになった。そして、「休日出勤の残業代は出ますか」とまで言われるようになった。こんなつまらない社員旅行には行きたくない、というのが、九〇年代前半に出た、インフォーマル活動不要論の本質である。

そのことを忘れて、ただ単にインフォーマル活動を再開したところで、同じような反応が返ってくるのは火を見るより明らかである。しかも、いまではさらにさまざまなプライベートな活動が外部に広がっている。したがって、やるのであれば、その外部の魅力に負けないくらい競争力のある中身にする必要がある。

たとえば、サイバーエージェントでは、人となりを知る工夫の一つに、「ブログ」を利用している、と紹介した。また、イントラネットを利用した、社員の情報交換等も行っていると紹介した。

しかし、疑問に思う人もいるのではないだろうか。

多くの会社が社内ブログやイントラネットを活用したが、上手くいっていないと聞く。なぜ、サイバーエージェントではそれが、上手く機能しているのだろうか、と。

答えは単純明快である。それは、彼らの社内ブログやイントラネットが、圧倒的に面白いからである。外にあるブログやホームページと比べて、競争力のあるレベルで面白いから、人は、そこを訪れるのである。

ブログやイントラネットが良いと聞いて、それを導入して失敗している会社は、ただ、それをシステムとして導入するところで終わっているからである。社内ブログだから、イントラネットだからと言って、固い、つまらないものにしていては、ダメなのである。

繰り返して言おう。これだけ魅力的な情報や、魅力的な環境があふれている社会である。「社内用の活動だから、この程度でいい」では、社員は、そこに時間を使おうとは思わない。社員が集まらないならば、その機会や場に、隠れベネフィットの意味もなくなる。

本気でやる覚悟。外部競争力を持つくらいのクオリティーに対する工夫。これが必要なのである。

3 インセンティブに対する工夫

従来の日本企業コミュニティの特徴である長期的利得構造（インセンティブ構造）は失われつつある。

その原因となったのが、

・九〇年代の会社倒産、リストラ等による「会社をあてにする生き方」の崩壊
・労働市場の成熟化による転職機会の増大
であることは、第二章で指摘した。

このようなインセンティブ構造の崩壊の中で、どのような工夫が、協力を引き出す新たなインセンティブとして有効になるのだろうか。

損得「勘定」から根源的「感情」へ

従来の協力インセンティブは、現代社会では成立しにくくなってきている。

(会社)「まじめに働いたら悪いようにしないから」
(社員)「はい、わかりました」
というインセンティブ構造においては、協力をしないと損をしてしまう。

たとえば、「あの人は『協力してくれない協調性のない人』」というレッテルがつけば、出世に響く。大きな失敗がなければ誰もが課長まで昇進できるのに、その機会をみすみす失ってしまう可能性がある。

下手なことをして、クビにでもなってしまったら、折角、格安の値段で住まわせてもらっている社宅や借上げ住宅を失ってしまう。

であれば、「まじめに協力したほうが得である」という判断が働く。

しかし、先述のように、九〇年代に、会社が保証する「長期にわたる信頼」の喪失と、「人材流動の一般化」が進んだ。

その結果、社員は「この会社にいて損をするくらいなら出て行く」という行動を選択肢として普通に取るようになった。

そもそも協力とは、人と人との間で何らかの交換が行われる現象である。つまり、AがBに協力するのは、Bに協力をすることでAが何らかのメリットを享受できるからだ。この交換メリットを長期的な時間軸で会社が保証してきたのが、従来の日本企業である。

しかし、そこが崩れてしまった。そんな長期的なメリットの交換を期待しなくなってきたのである。また、損と見れば、出て行くのは当然である。

だから、メリットを得るために、損をしないために、「周囲から批判されるような行動は避ける」という意識は薄まった。それよりも、自分のことだけを考えて、自分の担当している仕事で成果をあげたほうが得になったのである。

こうした状況をみて、対応に出る企業も多くあった。

曖昧で、成文化されていない交換契約ではなく、評価制度という具体的で成文化された契約の中に「協力」に関する項目を設定するという工夫である。これによって、人の損得勘定に働きかけ、協力という行動を誘導するという仕組みである。

これは間違ったことではない。会社が持つ仕組みの一つとしては良いことである。しかし、だからと言って、自発的な協力が進んでいる会社は意外と少ないのではないだろうか。


ここには問題点が二つある。

一つは、百点満点のうち、「協力」という評価項目が、お飾りのように片隅に入っていても、行動を変えるインパクトは持たないということである。

失点があっても、全体に大きな影響を及ぼさないことに対しては、人は大きな注意を払うことはしない。

もし、本気で協力行動を評価制度によって強く誘引しようとするならば、「協力行動が不十分な場合には、個人業績がどんなに良くても、総合評価が一段下がる」くらいのメッセージ性が強い設計と運用にしないと、狙った効果は大きくは期待できない。

もう一つは、損得勘定という外発的動機づけの持つ限界である。外発的動機づけとは、要は〝馬ニンジン〟である。馬ニンジンとは、良いことをすれば、飼い主から馬がご褒美をもらえるという仕組みをさすわけだから、これは逆に言うと、飼い主が見ていないところでは、どんなに良いことをやってもご褒美はもらえないことになる。

だから、「この人には協力しておいたほうが、評価の上で得」という判断が働く人には協力行動をとるが、「この人に協力したところで、得になることはないな」という判断が働く人には、協力をしない、という斑《まだら》模様の協力状況を発生させやすい。

つまり、外発的動機づけである以上、協力の自発性に乏しいのである。組織感情として自然体な協力関係という状態にはならない。

また、いずれにせよ、自分にとって交換関係の分が悪い、つまり、ここにいると損だとわかれば出て行く環境が外部に整っている以上、損得勘定に頼るやり方には限界がある。もっと人間の内発的・根源的「感情」に訴えかけるようなところにインセンティブのあり方を見いださなければならない。

応答・反応が引き出す効力感という喜び

それでは、どのような内発的・根源的感情に訴えたらよいのか。

事例企業を観察すると、実は、シンプルなことが見えてきた。

それは「効力感」という感情を与えることである。

効力感とは、簡単に言うと、「手ごたえ」である。もう少し言うと、「相手から真っ当な反応が返ってきた」、そのときの心地よい感触である。

協力をすると、相手から「効力感」という内発的・根源的感情のご褒美を受け取れることが、自然体の協力行動を引き出すカギとなるのである。

自分が行ったことに対して、手ごたえを感じると人は嬉しいものである。自分の行為に対して効力感を得て、喜びを享受できた人間は、自分の行為に自信を持ち、さらに能動的に他者に対して働きかけていくようになる。行為そのものを楽しめるようになっているからである。

効力感の基本中の基本は、まずは相手からの応答があることだ。日常生活を考えてみれば、これは素直に思い当たるだろう。

たとえば、「おはよう」と挨拶をして、相手も同じような元気な声で「おはよう」と毎日返事をしてくれれば、こちらもきちんと毎日挨拶を続けようという気分になる。

しかし、相手が挨拶を返してくれなかったり、あるいは面倒くさそうにぼそぼそっとした声で返されたりすることが続いたら、こちらから挨拶する気は失ってしまう。いつの間にか、朝の挨拶をするという行為を閉ざしてしまうだろう。

当たり前の話をしているかもしれない。しかし、この当たり前の応答・反応というコミュニケーションが弱くなっているのが、いまの日本社会、日本企業の現実である。

たとえば、ビルの警備員や、清掃係の人から、朝「おはようございます」と声を掛けられ、きちんと相手に聞こえる声で挨拶を返している人は、どれくらいいるだろうか。帰りがけにこの人たちから「お疲れ様」と声を掛けられ、きちんと応えている人はどれくらいいるだろうか。「外部の人だから」「それが仕事だから」、きちんとした反応などしなくてもよいのだろうか。

おそらく、そうした意識は、自分よりも目下の人、関係性が薄い人には、同じように働くだろうから、部下や、違うフロアの社員には、同じような態度をとっている可能性がある。

それが、いつしか、相手の非効力感を生み、その感情が伝染し、組織感情へと変わっていくのである。

「感謝」「認知」という応答の重要性

相手の好意に対して、まずは応答するというのが効力感の基本であると述べた。では、協力という行為において、その心地よい感情をより一層引き出す応答はどのようなものであろうか。

実は、そのヒントがインターネットの世界にある。

仕事にはのめりこめないが、家に帰ってネットに向かうと、何時間も夢中になって、ブログや掲示板、あるいはSNS（ソーシャル・ネットワーキング・サービス）に自分の考えやアイデア、意見を書き込んでいたりする人たちがいる。

そうした人々の動きの中からリナックス（パソコンのOS）やウィキペディア（フリー百科事典）のようなものまで、できあがってしまうこともある。

彼らがそこまで自発的に関わろうとする「場」には、強いリーダーがいるわけではない。また、報酬というインセンティブがあるわけでもない。

それなのに、人々が、会社の仕事以上に夢中になって、そこにアイデアや意見を書き込んで、自分が携わっているそのサイトをより良くしていこうとする。あるいは、使い方やどれを買ったらいいのかがわからなくて悩んでいる人に助け舟を出そうとしたりする。

命令されているわけでもないし、無償であるのに、なぜ、これほどまでに自発的に協力的になれるのか。

それは、人々のそのような協力的行為に対して、ネットの世界では「感謝」や「認知」という応答反応があふれているからである。

「感謝」とは文字通り「ありがとう」という応答のことだ。

何かで悩んでいる人、アイデアを欲しがっている人がいる。その悩み等をネットに書き込む。それを見た人がアドバイスをしたり、新しいアイデアを提供したりする。すると、

「ありがとう、助かりました」という反応が返ってくる。

協力をした人は「協力し甲斐」を感じる。また今度、悩んでいる人がいたら協力をしてあげようという気分になる。人のためになる「貴重なお節介」を進んで行う動機が備わるのである。

面白いことに、そのやり取りを見ていた周囲の人たちも、そのような反応に惹かれて、自分も協力の輪に加わるようになる。よい感情もまた伝染するのである。

しかも、ネットは、その反応が返ってくるのが、速い。効力感を瞬時、瞬時で得ることができる。その結果、効力感に魅せられて、はまっていく。

人から何かをしてもらったら、「ありがとう」と言うのは当たり前だろう、という人もいるだろう。しかし、自分の会社を見て欲しい。ありがとうという言葉が普通に飛び交っているだろうか。

「どうも」でもなく、「すいません」でもなく、「ありがとう」という言葉が、である。

面倒をみてくれている先輩社員に、後輩たちは、きちんと、ありがとうと言っているだろうか。

所用を引き受けてくれた部下に、上司は、きちんと、ありがとうと言っているだろうか。何かをしてあげても、それが当たり前のような扱いを受ける。あるいは、気づいた点があって、隣のセクションの人にそれを伝えたら、「余計なお節介」と言われる。

これでは、協力という行為に対して、効力感ではなく無力感を感じてしまう。こんな状況が続いたら、協力をするのが嫌になるのが人の感情というものであろう。

しかし、家に帰ってネットに向かえば、自分の行為に対して「ありがとう」という感謝の反応をもらうことができる。

会社で非協力的な人は、はじめから非協力的なのではない。効力感を得ることができないから非協力的になっていくのである。

ヨリタ歯科でインタビューに応えてくれたスタッフの声に共通するのは、「この病院は、『ありがとう』という言葉があふれている」ということだった。

たとえば、医師がスタッフに、治療中に「○○を取ってきてください」と依頼する。スタッフが言われたものを持っていく。すると、すかさず「ありがとう」という言葉が医師から出る。

これは何も特別なことではないように見える。しかし、スタッフが医師の指示に従って、モノを取ってくるぐらい当たり前で、いちいち感謝すべきことではないという認識が〝普通〟になっている病院のほうが実際は多いのである。

あなたの会社ではどうだろうか。「普通」になっている認識を、一度検証してみてはいかがだろうか。

認知がもたらす強い効力感

「認知」とは文字通り、「他人を認める」という応答のことだ。平たく言えば、「この人すごいよ」と言ってもらえることである。

ネットの世界では、感謝だけでなく、認知の享受機会もあふれている。つまり、「ありがとう」という応答にとどまらず、「すごい！（そんな方法もあったんだ……等）」のような応答もたびたびある。そのうちに、「このことだったら、この人に聞け」というようなエキスパート的な扱いを受けることもある。

「すごい」と言ってもらうと、自分の存在が本当に認めてもらえた感じがして、人は大いなる喜びを得る。

人は多様である。いろいろな良いところを持っている。その良いところを認めてもらって嬉しくないはずがない。自分を認知してくれる、個人、組織、社会に対して人は好感を持つ。そして、その個人、組織、社会に対して、自分が何か貢献できないか、という前向きな感情を持つ。

しかし、いまの会社の中では、社員はなかなか認知される機会がない。

それは、会社の中の評価軸が「一軸」になってしまっているからだ。

その一軸とは、「業績」である。

業績をあげた人は偉い、そうでない人はそうでもない、という認知環境になっている会社が多いのではないだろうか。
・皆がやりたがらない仕事を引き受けてやった人
・部下の面倒をいろいろとみてやった人
・主張し合って譲らない人々の仲介役になって調整をした人
・クレームにいつも向き合って対応をする人
・元気に振る舞うことで、皆を明るい気分にさせてくれる人
など、会社には多様な能力が集まり、多様な協力があるからこそ、全体が上手く回っていく。しかし、評価の一軸化が進むと、業績をあげる人以外が、会社で周囲に認知される機会は非常に乏しくなっていく。

自分を認知しない個人、組織、社会に対して、人は愛情を弱める。

たとえば、自分のことを日頃認めない人が困っていても、助けてあげようとは、素直には思えない。

そのような個人、組織、社会に対しては、貢献意欲が薄れるばかりか、時には、恨みの

感情が生まれる場合もある。

残念なことに、現代は認知飢餓社会である。

認知される機会を得ないまま大人になり、大人になってからもなかなか認知機会に巡り合わないという環境になっている。

・運動会で一等、二等といった序列をつけない
・学校の成績も評価を曖昧にして、みんなが○をもらえるようにする

人は多様であるのに、自分がどんなことで認知されるかがわからないまま子供時代を過ごし、大人になっていく。

そこにあるのは、会社と同じく、評価の一軸化だ。勉強の成績が良い子供が偉い、そうでない子供はそうでもない、という一軸のみの認知環境である。評価の一軸化は、多様な認知機会を奪う。

学校だけでなく、家庭でも同じような認知コミュニケーションがなされている。

家庭、学校、会社。自分を取り囲む社会、すべての場所において、自分が認知されない。この結果、認知に対する飢えが、あらゆる世代に蔓延している。

社会的動物である「人」が、自分が何ものであるのか、自分の存在意義が何であるのかを、ついぞ見いだすことができないまま生きていく負のインフラを、現代社会は整備して

しまっている。

しかし、このことは、逆に言うと、認知は現代社会において、かつてないほど大きな効力感を人々に与える力を持っていることになる。

実際、学校や会社よりもネットのほうが楽しい、生きがいを感じると言ってはまっていく姿はそれを象徴している。

自分の行為が認知され、自分の行為に効力感を得る。そして、その行為を認知してくれた個人、組織、社会に貢献しよう、役に立とうとする。その自然な感情が持つ力にもっと企業は着目し、工夫を考えるときにきている。

〝馬ニンジン〟の金銭的インセンティブの限界は、もう見たのだから。

感謝風土・認知風土づくりに挑戦する企業たち

風土を醸成するためには、「感謝しろ」「認知しろ」とお題目を唱えているだけでは、なかなか進まない。やはり、何がしかの仕掛けや仕組みを企業運営のあちこちに用意しておくことが必要となる

事例で見たように、サイバーエージェントでは、業績は目標管理で評価するが、業績以外の多様な認知機会をたくさん用意する工夫をしていた。たとえば、人事部にデザイナー

を置き、非常に魅力的な「認知ポスター」等に仕上げることで、注目度が高く、かつユーモラスな認知を実現している。

ユーモラスは着目すべき工夫といえる。

たとえば、紙切れ一枚でタイトルが「通達」、内容も名前と所属部署が書いてあるだけのものが、壁に貼ってあるとしたら、どうであろうか。

素直に、会社の彼・彼女に対する認知を深めることができるだろうか。
・あまり興味を持たない（ちらっと目をやって、「あっ、そう」と思うだけ）
・なんでこいつだけが……自分だって、と思う
等の感情を、抱きがちではないだろうか。

ユーモラスにすることで、笑って受け入れられる。その認知自体を楽しむことができる。お昼の好ましい話題になる。

だから、負の感情ではなく、「今度、自分も、あんなポスターで出たいな」という前向きな感情が生まれる。

グーグルやヨリタ歯科でも、感謝風土・認知風土の工夫がなされていた。繰り返しになるので、ここでは別な事例をみてみよう。

たとえば、世界的なホテルチェーンであるマリオットホテルグループ。

マリオットが運営するホテルの中に、ホスピタリティー・ゴールド・スター・プログラムという仕組みを持つホテルがあるという。

毎週、無作為に選ばれた顧客から、滞在期間中のベストホテルマンを教えてもらい、そのホテルマンを表彰する、という仕組みである。

これだけだと、よくある「目立つ仕事をしている人だけが、会社から感謝され、認められる」制度で終わる。

しかし、このプログラムには工夫がある。

そのホテルマンは、自分がいい仕事をする上で、欠かせない協力をしてくれた裏方の社員を三名選出し、その社員も次の週に、同じように表彰されるという工夫である。

つまり、このホテルでは、目立つ仕事をしている人だけではなく、いろいろな仕事をしている人が、さまざまな同僚から感謝と認知の喜びを享受する機会を整えているのである。

東京ディズニーリゾートにも、ユニークな仕組みがある。

一つは、「スピリット・オブ・東京ディズニーリゾート」である。

これは、キャストが、「素晴らしい対応」をしている仲間のキャストを見つけると、カードを渡すという仕組みである。そのカードには、そうした素晴らしい対応を認め、称《たた》え、感謝するというメッセージが書かれてある。最後は、その中でもとりわけ素晴らしかった人を、受賞者として選考し、会社の表彰を行う。

もう一つが「ファイブスタープログラム」である。これは、園内を訪れた幹部や自分の上司が「素晴らしい対応」をしているキャストを見つけては、カードを手渡す仕組みである。このカードをもらったキャストは、特別なプレゼントをもらったり、定期的なパーティーに招待されることになる。

この二つのプログラムに共通しているのは、仲間が自分のことを（温かい眼差しで）見ていてくれるということである。仲間が自分のことを認めてくれるのである。そんな仲間が困っているときがあったら、どうして無視できるだろうか。協力して、少しでも良いことができるように貢献しようという気持ちになるのが人間の感情ではないだろうか。

こうしたところにも、東京ディズニーリゾートの、感謝風土・認知風土をつくる工夫が見られる。

もう一つ紹介しよう。

北九州を中心に美容室チェーンを展開するバグジーという会社がある。

この会社でも、さまざまな、感謝・認知の機会を工夫して、実行している。

しかし、彼らが最も大切にしていることは、常日頃から「感謝」の言葉が、現場で飛び交うことであるという。たとえば、先輩が何かを教えてくれたら、「ありがとう」という言葉が後輩から素直に出るような現場をつくっている。

それが、風土の土台になるからである。

同社ではあるとき、会社のスタンスとして徹底的な性善説に立つことを決めた。人は、愛情をかければかけるほど、優しくなり、その愛情に応えようとする力が備わってくるんだと、信じるスタンスである。

実は、かつてのバグジーは、このスタンスとは真反対の会社だったらしい。業績至上主義で、社員のことなどろくに考えもしない経営だったという。

ところが、あるとき、信頼していたスタッフがまとまって辞めると言い出し、会社の運営が危機に陥ったことがあり、それを境にして変わった。

深く反省をした経営者が、社員至上主義、愛情至上主義の経営に変えたのである。

面白いことに、業績至上主義のときは全然ダメだった会社の業績が、社員至上主義に変えて、絶好調になったという。

経営者の感情にスタッフが応え、スタッフの愛情あるサービスに顧客が応え、ファンになっていく。感情伝染がプラスに働いた典型的なケースである。

バグジーでは、人が元々持っている「感じる力」を目覚めさせるような仕掛けを、あれやこれやの手を使って運営している。

たとえば、入社式。この式中に、用意されているのは、新入社員の「親からの手紙」である。一人ずつに、その「親からの手紙」が読みあげられる。

バグジーの試みは、ドキュメンタリーとなってビデオで市販されているのだが、それを見ると、式で手紙を読みあげられた新入社員はボロボロと泣いている。ここまで育ててくれた親に対する感謝の感情がとめどもなく湧きあがってきて、抑えきれなくなっている。

あるいは、店舗で、社長が持ってきた「感動的な話」の朗読会が開かれることもある。その話の中に隠された美しい愛情や悲しみに触れ、朗読中、いつしか、読み手の社員がボロボロと涙を流し出すこともある。ビデオの中で社長は言う。「泣ける社員ほど、いい仕事をする。お客さんが離れなくなる」。

このようにして「感じる力」を目覚めさせた社員は、自然と周囲に感謝し、他人の良いところを素直に認められるようになっていくのである。

最終章　協力への第一歩の踏み出し方

現状に心を痛めている人は多い

協力し合える組織に変えていく方法を、役割構造、評判情報、インセンティブの三つのフレームで見てきた。

お互いがタコツボに入り込んでしまうような状況をつくらず、お互いをよく知る、お互いの意図や人となりを知ることができる状況をつくりだす。その上で、根源的な感情、すなわち感謝や認知を通じた効力感というインセンティブが働くようにする。一つひとつの取り組みが、こうした連鎖を生み出したとき、協力し合える組織へと変わっていくことができる。

しかし、実際にはこうした取り組みが一朝一夕でできるわけではない。仮に仕組みが部分的に入ったとしても、働く人たちのマインドが変わらなければ、実際に協力していく行動は生まれてこない。だとすると、どこから手をつけるべきなのだろうか。どうすれば、協力するという行動を、当たり前の行動に変えていくことができるのだろうか。

実際に協力し合えない、困っている人がいても助けることができず、心や体を壊してしまう人を生んでしまった組織では、個々のメンバーにヒアリングをすると、ほとんどすべての人が、協力し合えず、人を追い込んでしまう状況に苦しんでいる、心を痛めていることがわかる。

どうにかしたい。もう少しお互いのことに気を配りたい。せめて、困っている人がいたら、助けたい。

でも、そうした行動を自分から起こす勇気が持てない。もし自分が手伝うことで、自分が追い込まれてしまったらどうしよう。そもそも、自分が手助けしたとしても、相手は受け入れてくれるのだろうか。

他の人や困っている人の気持ちがわからない。だから、いろいろなことを考えてしまい、結局、協力への第一歩を踏み出すことができない。多くの人がそんな感情を持ちながら、互いの感情を理解できずに、踏み出せないでいる。

自分の仕事を黙々とこなすだけで、他者の仕事には関心を持たない、踏み込まない、各々が自分のことで精一杯というオーラを発している。そんな状況にある組織も、同じだ。結局のところ、そうした状況に多くの人たちが違和感を覚えながらも、お互いの本心が見えない。きっとこの会社は冷たい人が多い。自分さえ良ければよいと思っている人が多い。そう考えてしまう。だから第一歩を踏み出す勇気が持てない。

実際には、多くの人たちがこうした状況をどうにかしたいと思っている、少なくともいまの状況を良いとは思っていない。しかし、そうした思いを持っていることが共有できない。自分だけが、悩み、憂えていると思ってしまう。

起きていることを客観視する

ではどうすれば、協力行動への第一歩を踏み出していくことができるのだろうか。

最初にすべきは、何が起きているのかを客観的に分析することだ。組織の中で起きている感情や行動の連鎖の構造を明らかにすることだ。

まず、人事部や外部の第三者に依頼して、マネージャーからメンバーまで、すべての人から、いまの状況に関する認識、その状況に対する素直な感情をヒアリングしてみる。あるいは、アンケート調査などを通じて、組織全体に広がっている感情を把握する。

その上で、感情連鎖のメカニズムを解明してみる。これまで見てきたように、根本的な原因は、個人個人を閉じ込めてしまうような組織の構造的問題や、一人ひとりの意図や人となりに関する情報が共有できないこと、さらに長期的な関係が崩れ、協力へのインセンティブが働かないことなどにある。こうした原因が一人ひとりの感情にどう影響し、連鎖したことで、組織全体に協力できない、助け合えないという感情をどう波及させてしまったのか。その構造を明らかにする。

そして、この感情連鎖の構造、メカニズムを主要なメンバーたちで一度共有し、個人の問題でなく、組織の問題であるという共通の認識を持つ。

個人個人が自分のことで手一杯の中で、ちょっとした無神経な行動、配慮のない行動が、相手に不快感を与え、それが負の感情の連鎖を生み出し、お互いが自分の中で閉じこもってしまった。そういった組織内で起きている感情連鎖のメカニズムを客観的に捉えることが必要である。

実際には、その中でもある特定の人物の非協力的な行動や攻撃的な行動が周囲に波及し、それがお互いの壁をつくりだし、お互いがギスギスした関係になっているケースも見られる。そのときも、焦点を当てるべきは、その原因となる特定人物の行動ではなく、その人の行動が周囲の感情に与えている影響であり、その連鎖である。

お互いの感情をシェアする

ところが、こうした現状分析を行い、感情連鎖の構造やメカニズムを共有したとしても、そこで急にみんなが協力への第一歩を踏み出せるわけではない。やはり、お互いに抱いてしまった感情は、そう簡単に取り除くことはできない。では、どうすればよいのだろうか。

組織全体の問題として、みんなで認識し、解決していく。そういった主体性を引き出す仕掛けをしていく必要がある。社員全体でこの問題を一緒に感じ、一緒に考えるような場を持つ、あるいは研修やワークショップの形式で、職場ごとにメンバー全員でこの問題と向き合ってみる。そうした場をつくりだし、個人の問題から組織の問題に、誰かの問題から自分の問題に、というように認識を共有することが必要だ。

ただし、ここで注意しなければならないことがある。それは、会社が犯人探しをしようとしている、結局は一人ひとりの心構えの問題だといって個人を追い込もうとしているかのように誤解されないことである。

大切なのは、不信の原因を取り除くことである。会社も、個人も、お互いの素直な感情を伝え合えるようになるための仕掛けをすることだ。

一つは、いま起きている問題を、客観的な事例を通じて、認識していくという仕掛けである。自分たちの企業で実際に起こった問題をそのままぶつけるより、多くの企業でもよくある事例として、映像や演劇などの形にして見てもらう。同時に、それが特殊なことではなく、協力の心理、人間の心理からすると、どこでも起こりやすい現象であることを説明する。その上で、お互いが素直に感じたことをシェアしてみる。自分たちも似たようなことをしていないか。そうした問題に、みんなはどう感じているのか。客観的な事例を通じて、自分の素直な感情を出し合えるようにしていく。

もう一つは、逆に、協力し合うことが組織の原動力となっている企業の事例を一緒に見てみる。本書で紹介したような事例を、できるだけ映像などビジュアルで一緒に見ていく。そして、感じたことをシェアしてみる。素直に、こんな取り組みがいい、この言葉が響いた、こんな組織だったら働いてみたい、こんな人たちのようになりたい、そんな素直な感情を共有していくと、各人が組織や職場、仕事をする上で大切にしていることが、それほどズレてはいないことがわかってくる。そうしたことを感じ合うことが、お互いの心の壁を壊していくことになる。

どちらの方法でも共通しているのは、「感じたこと」を共有してみるということだ。

いきなりいま起きている組織の問題を突きつけるのではなく、世の中の多くの企業で起きている現象やその構造、あるいは、協力し合うことが組織の原動力となっている企業の事例を見て、お互いが感じたことをシェアし、お互いが抱いている感情や感じ方に大きな差がない、むしろ同じようなことを感じているということを実感していく。

人の根っこにある感情は、そう壊れてはいない。困った人がいたら助けたい、少なくとも周囲で心や体が壊れる人を見て、それが良いことだと思う人はまずいない。

大変なときに声をかけてくれれば嬉しい。何かをしてあげて、ありがとうと言われたら嬉しい。そんな、誰もが本来は持っているはずの感情を、多くの人が失っていない、むしろ望んでいるのだという気持ちをお互いが知ることが、お互いの心の壁を壊していく第一歩になる。

さらに、この問題は個人個人の感情の連鎖が生み出した組織としての問題である。あなただけが苦しんでいるわけではない。みんな同じように、どうにかしたいと感じている。こうした認識を共有することで、一人ひとりの気持ちは楽になる。各々が感じてきた重荷を降ろすことができる。

せめて、困った人に手を差し伸べる

しかし、ここですぐにみんなが協力行動をとれるようになるのかというと、そうではない。やはり一人ひとりは、忙しく、余裕がない、時間がないという状況に変わりない。それでも、協力しようと踏み出すためには何が必要なのか。

第三章での交換における信頼の話を思い出して欲しい。人は他人が協力してくれるとわかっているときには協力する。だがそのためには最初に誰かが協力しなくてはならない。そのような「利他的」な振る舞いを誰かがしなくてはならないのだ。

協力のないところに協力を生み出すためには、少なくともお互いが、こういうときだけは、協力しあおう。そうしなければ、誰かが追い込まれて、それが連鎖して、結果的に自分も追い込まれる。そういった状況になりそうなときは、自分がどんなに大変でも、手を差し伸べよう。そういった、最低限の協力を交換し合うルール、マナーを共有しておくことだ。

「協力行動」というよりも、「援助行動」という言い方をする。困った人がいたら、手を差し伸べる、助けるといった、人間が本来当たり前に持っているはずの行動である。

人を助けることは難しい

ところが、この、人に援助の手を差し伸べるという行動でさえ、意識しなければ、できない難しい行為なのだ。

一九六四年、ニューヨークで起こったキティ事件という有名な事件がある。仕事帰りの若い女性キティ・ジェノビーズが自分のアパートの駐車場でナイフで切りつけられ、大声で助けを呼んだが、誰も警察に通報せず、殺されてしまったという事件である。

実際には、女性の「助けて」という叫び声に気づいた人は三八人もいたのだという。しかし、誰一人、自分が通報しなければならないと思って行動を起こした人はいなかった。

当時のマスコミは、都会人の冷淡さと書きたてた。しかし、この事件がきっかけで、社会心理学における援助行動の研究が進み、人間であれば誰にでも起こりやすい心理であることが検証された。
「きっと、誰かが助けてくれるだろう」
そんな気持ちが、一人ひとりの胸をよぎってしまい、結局誰も助けに行かなかった。これを「援助行動の傍観者効果」と呼ぶ。つまり、人は助けて欲しいと言われたときに、周囲に自分以外の人がいれば、つい傍観者になってしまうことが起きやすいということである。

援助行動の傍観者効果は、いろいろな場面で働いているのではないだろうか。一人で仕事を抱え込み、残業ばかりしていて、顔色の悪い若手社員がいる。でもそこで、きっと上司が声を掛けているだろう、あるいは先輩たちがケアしているに違いない、そう思って自分からは声を掛けなかった。あるいは、みんなが声を掛け合っていない状況の中で、自分だけが声を掛けようとすることができない。ためらってしまう。

こうした状態が放置され、あるとき、その人が急に会社に来られなくなったと連絡が入る。精神的に追い込まれてしまったのだという。そのときになって後悔する。なぜ、あそこで自分から声を掛けなかったのだろうか。なぜ自分は、見て見ぬ振りをしてしまったのだろうか、と。

実は、人を助ける、援助するという行動でさえ、人は日頃から意識していなければなかなかできないのだ。では、どうすればよいのか。

まずは、緊急事態を察知できるように、お互いに気を配り合う意識を持つこと。まじめな人ほど、自分でどうにかしなければと思い、抱え込んでしまう。自分から助けてくれと言えない。だからこそ、お互いの状況に普段から気を配り合う、何かあったら言ってねという言葉を掛け合う。そうした関係づくりをすることが必要である。

そして何か緊急事態が起きたときに、傍観者にならない。少なくとも他の人に、気づいたことを伝える。あるいは困ったことは、みんなで知恵を出して解決しようという意識を共有する。一人の問題にしないで、みんなの問題として感じること。こうした感情を持つことの大事さを共有することが必要である。

それでも、実際に人を助けるという行動に踏み出すには勇気がいる。

もしかして、ここで声を掛けたら、余計なお世話だと言われてしまうかもしれない。自分が助けようとしたことで、かえって問題がこじれてしまうかもしれない。それでも、踏み出していくためには、実はそういった行為が尊い、あるいはみんながそれを認めてくれる、本人もきっと感謝してくれるであろうという安心感が持てることが必要である。

人を助ける、人に自分から協力するという行為を、みんなが尊い、素晴らしいと思う風土、雰囲気を意図的につくり、共有していかなければ、多くの人は最後の一歩を踏み出す勇気が持てないのではないだろうか。

感謝と認知のフィードバック

組織全体でお互いを助け、協力し合う関係がつくりだされていくためには、こうした行動がインセンティブとして働かなければならない。そのために大事なことは、繰り返しになるが、感謝と認知のフィードバックを行うことである。この二つのフィードバックが適切なタイミングで、適切な内容で機能していくことが、人の行動を促進し、強化するのだということ。これも、組織のメンバー全員で共有していくことが大事である。

当たり前のことだが、誰かに助けてもらったら、「ありがとう」と言うのは礼儀であり、人が気持ちよく生活していくための昔からの知恵である。しかし、こうした言葉を心から言えない人たちが増えているのも確かだ。

前章でも述べた通り、感謝という行為は、人の気持ちに働きかける大きなエネルギーを持っている。感謝という行為は、次の感謝を呼び起こす。感謝は連鎖する。一人ひとりが、儀礼的にただ言うのではなく、あるいは簡単にメールで済ませるのでもなく、「本当に助かりました。ありがとうございました」という言葉を心から言ってみよう。それがその人に、援助する行動の尊さ、気持ちよさを心から感じさせることになり、また次も同じような行動をとろうという動機に変わっていく。

感謝という行為は、援助行動を強化していくことにもつながる。特に、相手が喜ぶことが自分の喜びになっていく。こうなってくると、自発的な協力行動が生み出されていくことになる。相手の期待に応えよう、あるいは相手の期待以上の行動をしていこうという意識が出てくる。

ここで重要なのが、認知のフィードバックである。素直に、相手がしてくれたことが自分にとって、どれだけ素晴らしいことだったか、喜びにつながるものであったのかをフィードバックしていく。

認めること、褒めること、「すごいよ」「君が支えてくれたからこそできたんだ」「君と一緒に仕事ができて嬉しい」。こうした感情を伝え、その人のしてくれたことが本当に大きな意義を持ったという認識をフィードバックしていく。自分がやったことがその相手に、さらには周囲の人たちに、大きな影響を持ったという事実が、さらにその人の自発的な協力行動を強化していくことになる。

あなたは、この一週間で、心から「ありがとう」という言葉を誰かに伝えたことが何回あっただろうか。相手がしてくれたことが素晴らしいことであれば、「すごい」「頼りになった」という言葉で、相手の行為を賞賛したことがあっただろうか。

ぜひ、ご自身に問いかけて欲しい。

こうした感謝と認知をお互い自然に伝え合うことで、援助行動や協力行動を当たり前の行動に変えていくことができるのである。

新たな協力社会をつくりだす

本書で繰り返し述べてきたように、協力の問題は単に個人の意識の問題ではなく、組織の問題であり、社会の問題でもある。

企業という場だけでなく、学校や家庭、地域社会など、多くの場で関係が希薄になり、お互いが関わりを持たずに、孤立していく状況になってきている。その結果、隣の人が何をしているのかわからない社会になり、自分の鍵をしっかり閉めて、気をつけていなければ自分の身が守れない社会になりつつある。

いろいろなものが便利になり、一人ひとりは経済的に豊かになっても、いつも不安を抱えながら生きていく社会になりかねない。それでよいのだろうか。

協力し合うという行為は何も、ただ単にみんなで仲良くしましょうと言っているわけではない。また昔のように村社会をつくり、協力を強制することは難しくなった。いわゆる集団主義という形での協力関係は成り立たない。

むしろ、「一人ひとりが主役になる、一人ひとりが輝いて生きていくことを支援し合う協力関係」を構築していくことが必要なのではないだろうか。一人ひとりが自分の居場所を見つける。そのために多くの人に、自分を知ってもらう。そして、一緒に結びついていく。そうした中で、一人ひとりの存在価値がみんなに認知される。その中でお互いが困ったときには助け合い、支援し合うという基盤を共有し、感謝のフィードバックを大切にする。

組織のための個人でも、個人のための組織でもない、個人と組織がともに支え合い、良い影響を与え合う、新たな協力関係をつくりだしていくことが必要なのだ。

そのためにまず、多くの人たちが疲弊し、場としての魅力を失いつつある企業という場に、新たな協力社会を構築していく。その上で、さらに父親、母親として、あるいは世の中に関わる主体として、協力社会を実現していく。

将来の子供たちのために、私たちは一人ひとりが輝いた人生を送ることを支援し合える新たな協力社会への扉を開けなければならない。そんな使命感を多くの人たちが共有し、一人ひとりが一歩踏み出していけば、これからの日本社会に私たちはもっと誇りを持てるようになるのではないだろうか。

おわりに

私たちがこの本を書かなければと思ったのは、本当に身近なところで、こうした不機嫌な職場が増えてきていると感じたからです。

一見、大人の振る舞いをしている。でも、お互いに何かよそよそしい。決められた範囲以外のことには関わろうとしない、お互いに協力しようとはしない。気がつくとイライラとした感情が職場全体に広がっている。こうした感情の連鎖が、人や職場、会社を壊していく。

不機嫌な職場は、個人にとっても、会社にとっても、大きなリスクである。そして、ここで生まれる感情は、社会全体の感情とも共鳴している。そんな強い危機感を持ったからです。

誰かが、このままでよいのかと声をあげなければならない。気がついた人から、周りにこのままではダメだ、どうにかしよう、と言わなければならない。

しかし、実際に声をあげることは勇気がいることです。しかも感情の問題を、心情に訴えるだけでは、相手の心は動かない。

どうすればよいのか。そう考えたときに、いま起きていることやその背景にある人の心理を正しく認識すること、良い状態をイメージできる事例やその切り口を提供することが必要ではないか、そんな思いで、この本を書きました。

不機嫌な職場を変えようと思ったら、この本を読んだ皆さんから、まずはいま起きていることを身近な誰かに説明してみてください。そして、いまの状況をみんなが客観的に理解することが大事だということを伝えてください。みんなが同じ知識と同じ思いを持つことが大事なのだということを、みんなで共有してください。

この本は、四人の筆者の協力で書き上げました。同じ思いを持った仲間たちが、一緒に職場の話を聞き、一緒に良い企業の取材に行き、みんなで理論的解釈を行い、一緒に解決策を議論しながら、書き上げました。

協力し合うということは、本当に楽しいことです。知恵が知恵を生み、思いが思いを生む。お互いの感情を素直に出し合い、思いが共鳴し合う仲間がいること。それは人生を豊かに生きていく上で、不可欠なことなのではないでしょうか。

「仕事が面白い、職場が楽しい、会社が好きだ」

そんな感情を持てる人を一人でも増やしていきたい。そんな感情の連鎖が生まれるために、お互いに関心を持つ、困っている人がいたら手を差し伸べる、「ありがとう」という言葉を伝え合う。そんなところから、始めて欲しいと思います。

この本を通じて、皆さんの気持ちが少しでも晴れやかになり、前に進む勇気を持っていただけたら、幸いです。

この本の執筆にあたっては、本当に多くの方にお世話になりました。取材させていただいた企業の方々には心から感謝したいと思います。また、私たち一人ひとりを育ててくださった多くの方との議論が、この本を作ったと思っております。ありがとうございました。

そして何より、同じ思いを持って、この本の編集を担当いただいた講談社の田中浩史さんに、心よりお礼を申し上げたいと思います。ありがとうございました。

高橋克徳・河合太介・永田稔・渡部幹

主要参考文献・資料

○柳下公一『わかりやすい人事が会社を変える——「成果主義」導入・成功の法則』日本経済新聞社、2001年
○山岸俊男『信頼の構造——こころと社会の進化ゲーム』東京大学出版会、1998年
○山岸俊男『社会的ジレンマ——「環境破壊」から「いじめ」まで』PHP新書、2000年
○山田一成・北村英哉・結城雅樹編著『よくわかる社会心理学』ミネルヴァ書房、2007年
○ロバート・アクセルロッド著、松田裕之訳『つきあい方の科学——バクテリアから国際関係まで』ミネルヴァ書房、1998年
○J・W・マリオット・ジュニア、キャシー・アン・ブラウン著、青木孝誠監修『マリオット・ウェイサービス12の真実——世界一のホテルチェーンを築いた顧客満足の秘密』日本能率協会マネジメントセンター、1999年

○『BAGZY　優しさと愛が溢れる美容室！』(DO　IT　！ビデオVol.73)
○『未来工業株式会社　常に考える！　それが元気の原動力！』(DO IT！ビデオ Vol.86)
○『ヨリタ歯科クリニック　笑顔が広がる、ワクワク楽しい歯科医院！』(DO IT！ビデオ Vol.90)

著者紹介

高橋　克徳（たかはし　かつのり）
現在、（株）ジェイフィール執行役員。一橋大学大学院商学研究科修士、慶應義塾大学大学院政策・メディア研究科博士課程単位取得退学。野村総合研究所、ワトソンワイアット（株）にて、組織・人事コンサルティングに従事。その後、「仕事が面白い、職場が楽しい、会社が好きだ」といった感情の連鎖を起こし、組織の感情問題の解決と組織活力の向上を支援する新会社「ジェイフィール」の設立に参画。総合エンターテインメント企業「アミューズ」とコラボレーションし、講演、組織診断・コンサルティング、研修・ワークショップ、感情開発トレーニングなどを行う（URL：http://www.j-feel.jp）。また、多摩大学の経営情報学部講師として、大学教育にも力を入れている。

河合　太介（かわい　だいすけ）
（株）道《タオ》代表取締役社長。慶應丸の内シティキャンパス客員ファカルティ。（株）ジェイフィール フェロー。金融系研究所、ワトソンワイアット（株）を経て、道《タオ》を設立。感動経営の道を志す会社を支援（http://www.kando-keiei.com）。ワトソンワイアット在職中は、対外活動のペンネーム「ケビン・D・ワン」の名前で執筆した、本田宗一郎氏をモデルにしたビジネス寓話『ニワトリを殺すな』が10万部超のベストセラーに。その他『デビルパワー　エンジェルパワー』や、『育ちのヒント』等の著書がある（いずれも幻冬舎）。

永田　稔（ながた　みのる）
ワトソンワイアット（株）コンサルタント。1967年生まれ。一橋大学社会学部卒。カリフォルニア大学ロサンゼルス校（UCLA）にてMBAを取得。松下電器産業、マッキンゼー・アンド・カンパニーを経てワトソンワイアット（株）に入社。同社で、ビジネスモデル、組織モデル、人材マネジメントモデルを一体とした組織変革コンサルティングに従事。現在、プライベートにてラボ（仮称ヒトラボ）を運営し、組織やコミュニティにおける協働や知の共有・創発支援インフラとなるソフトウェアサービスの研究、開発試作を行っている。

渡部　幹（わたべ　もとき）
1968年北海道生まれ。北海道大学文学部卒。UCLA大学院社会学研究科修了。社会学Ph.D.（UCLA）。北海道大学助手、京都大学助教などを経て、現在、早稲田大学高等研究所准教授。専門は社会心理学。社会制度や組織の維持・変容を司る心理的基盤について実験やコンピュータシミュレーションを用いた研究を行っている。共著に『制度からガヴァナンスへ』（河野勝編、東京大学出版会）、『合意形成論』（土木学会誌編集委員会編、土木学会）などがある。

講談社現代新書　1926
不機嫌《ふきげん》な職場《しょくば》──なぜ社員同士《しゃいんどうし》で協力《きょうりょく》できないのか
二〇〇八年一月二〇日第一刷発行　二〇〇九年三月三日第一八刷発行
著　者　高橋克徳《たかはしかつのり》・河合太介《かわいだいすけ》・永田　稔《ながたみのる》・渡部　幹《わたべもとき》

発行者　中沢義彦
発行所　株式会社講談社
東京都文京区音羽二丁目一二—二一　郵便番号一一二—八〇〇一
電　話　出版部　〇三—五三九五—三五二一
販売部　〇三—五三九五—五八一七
業務部　〇三—五三九五—三六一五
装幀者　中島英樹
印刷所　凸版印刷株式会社
製本所　株式会社大進堂
定価はカバーに表示してあります　Printed in Japan

N.D.C. 335 206p 18cm
ISBN978-4-06-287926-2

「講談社現代新書」の刊行にあたって

教養は万人が身をもって養い創造すべきものであって、一部の専門家の占有物として、ただ一方的に人々の手もとに配布され伝達されうるものではありません。

しかし、不幸にしてわが国の現状では、教養の重要な養いとなるべき書物は、ほとんど講壇からの天下りや単なる解説に終始し、知識技術を真剣に希求する青少年・学生・一般民衆の根本的な疑問や興味は、けっして十分に答えられ、解きほぐされ、手引きされることがありません。万人の内奥から発した真正の教養への芽ばえが、こうして放置され、むなしく滅びさる運命にゆだねられているのです。

このことは、中・高校だけで教育をおわる人々の成長をはばんでいるだけでなく、大学に進んだり、インテリと目されたりする人々の精神力の健康さえもむしばみ、わが国の文化の実質をまことに脆弱なものにしています。単なる博識以上の根強い思索力・判断力、および確かな技術にささえられた教養を必要とする日本の将来にとって、これは真剣に憂慮されなければならない事態であるといわなければなりません。

わたしたちの「講談社現代新書」は、この事態の克服を意図して計画されたものです。これによってわたしたちは、講壇からの天下りでもなく、単なる解説書でもない、もっぱら万人の魂に生ずる初発的かつ根本的な問題をとらえ、掘り起こし、手引きし、しかも最新の知識への展望を万人に確立させる書物を、新しく世の中に送り出したいと念願しています。

わたしたちは、創業以来民衆を対象とする啓蒙の仕事に専心してきた講談社にとって、これこそもっともふさわしい課題であり、伝統ある出版社としての義務でもあると考えているのです。

一九六四年四月　野間省一